掌握成功軟實力

8個時間管理的黃金法則

life
生命・生活・生涯
精神・活力・新生
發現生命的價值　肯定生命的可貴

國家圖書館出版品預行編目資料

掌握成功軟實力：8個時間管理的黃金法則／王淑俐
著.－－初版一刷.－－臺北市: 三民, 2014
面;　公分.－－(LIFE系列)

ISBN 978-957-14-5917-2　(平裝)

1.時間管理 2.生活指導

177.2　　　　103010994

© 掌握成功軟實力
——8個時間管理的黃金法則

著作人　王淑俐
插畫設計　胡鈞怡
責任編輯　林怡君
美術設計　黃宥慈

發行人　劉振強
著作財產權人　三民書局股份有限公司
發行所　三民書局股份有限公司
地址　臺北市復興北路386號
電話　(02)25006600
郵撥帳號　0009998-5
門市部　(復北店) 臺北市復興北路386號
(重南店) 臺北市重慶南路一段61號

出版日期　初版一刷　2014年7月
編號　S 521140
行政院新聞局登記證局版臺業字第〇二〇〇號

ISBN　978-957-14-5917-2　(平裝)

http://www.sanmin.com.tw　三民網路書店

叢書出版緣起

現代人處在緊張、繁忙的生活步調中，在承受過度心理壓力而不自知的情況下，逐漸形成生理與心理疾病，例如憂鬱、躁鬱、失眠等，這種種的問題，不僅呈現在個人的身心層面，更可能演變成為家庭破碎的悲劇，甚至耗費莫大的社會成本。我們從近年來發生的自殺、家暴、卡債族、失業問題等種種新聞中，不難發現問題的嚴重性，這些可能正發生在你我身邊的真實生命故事，也讓許多人不禁發出「我們的社會究竟怎麼了」的喟嘆！

面對著一個個受苦而無助的靈魂，我們能夠為他們做些什麼？而身為對社會具有責任的文化出版者，我們又能為社會做些什麼？這一連串的觀察與思考，促使我們更深刻地反省，並澄清我們的意念，釐清我們想帶給社會一些什麼樣的東西，讓臺灣的社會，朝向一個更美好、更有希望，及更理想的未來。以此為基礎，我們企畫了【LIFE】系列叢書，邀集在心理學、醫學、輔導、教育、社工等各領域中學有專精的專家學者，共同為社會盡一分心力，提供社會大眾以更嶄新的眼光、更深層的思考，重新認識自己並關懷他人，進而發現生命的價值，肯定生命的可貴。

要解決問題，必須先面對問題、瞭解問題，更要能超越問題。從這個角度出發，【LIFE】系列叢書透過「預防性」與「治療性」兩種角度，對現代人所遭遇的心理與現實困境，提出最專業的協助，給予最真心的支持。跳脫一般市面上的心理勵志書籍、或一般讀物所宣稱「神奇」、「速成」的效用，本叢書重視知識的可信度與嚴謹性，並強調文字的易讀性與親切感，除了使讀者獲得正確的知識，更期待能轉化知識為正向、積極的生活行動力。

值得一提的是，參與寫作的每位學者，不僅在學界與實務界學有專精，最令人感動的是，在邀稿過程中，他們與三民同樣抱持著對人類社會的理想與熱情，不計較稿酬的多少，願對人們的身心安頓進行關照，共同發心為臺灣社會來打拼。我們深切地期望三民【LIFE】系列叢書，能成為現代人的心靈良伴，讓我們透過閱讀，擁有更健康、更美好的人生。

三民書局編輯部　謹識

自序

英國哲學家法蘭西斯・培根（Francis Bacon, 1561–1626）說：「合理安排時間就是節約時間。」

「時間管理」一直是我「最愛」與「最怕」的演講主題，「最愛」是因為它神奇的功效，「最怕」的理由相同；聽眾往往只期待它的神效，卻忘了「我就是我自己的神，在我活的地方」（五月天・「倔強」）。時間管理有沒有用處，完全依照個人執行的情況而定；夢想與幻想只在一線之間。

這本書出版之前，我恰好到東海大學為一百位教學助理主講「二十四小時之時間分配術」。在鄭捷事件之後，東海人更能體會把時間用於「關懷別人」上，是多麼的重要！如同東海感人的公開信所說：「其實我們都可以成為每一位東海人身邊的天使，除了可以預防遺憾，更能讓這個校園充滿彼此的關係，流動著我們的故事。在社會上各種聲音紛沓充斥的此刻，期盼我們都開始『多走一步、多看一眼、多聊一句』。」

所以本書的序文，我邀請東海優秀的教學助理們，寫下聽講後的啟發：

原來人生觀等於時間觀，原本以為浪費時間的事其實並不浪費。時間分配真的很難準確，其實很多事只要提早做好，就能節省很多時間運用在其他事情上。

——經濟系　李婉萍

時間分配要適宜，並非壓縮一件事情所需完成的時間，而是不浪費時間在沒有意義的事情上。時間要花在美好的事物上，如：人際關係、學習、運動、閱讀。

——經濟系　吳佩靜

聽完演講讓我彷彿站在巨人的肩膀上眺望，在人生的道路上我更深刻體會，唯有合理分配時間，有目的地做每件事，才能通往成功之門。

——經濟系　李念儒

大學生多半沒有時間管理的觀念，導致分組報告準備或團隊合作時，往往會鬧得不愉快。特別是在分工或找時間開會，有些人常會說「自己很忙」。「忙」，是我非常討厭的理由。如果自己真的想做，再忙都會抽出時間來完成。時間有效規劃可以讓自己的生活更豐富，也使得團隊和諧進步。

——日文系　許筠靈

體會到生命的組成就是時間，學會安排自己的時間就是規劃人生，培養良好的生活習慣是美好人生的開始。

——環工系　陳彥翔

在抽絲剝繭中一氣呵成，在毫無章法中招招到位。

——環工系　郭柏宏

時間要花在更有意義的事情上，但堅持下去更難。

——行管系　蔡佾璉

時間管理是一輩子的功課，「自律」和「堅持」是完成功課的不二法門，掌握好時間就是把握了自己的人生。

——社會系　吳佐芸

以前有時候會覺得和朋友相聚很浪費時間，其實是我對時間分配得不太好，對於「浪費」的觀念也不太正確。

——化材所　江閔詩

時間管理最重要的應該是知道自己想成為怎樣的人，時間的分配才不會圍著他人轉、才會快樂。清醒的頭腦、明確的目標，以及堅持、細心等，都是時間管理的法寶。

——中文所　王懷昭（重慶西南大學交換生）

時間一去不復返，大部分的人都在緊急時候才感到時間的重要。上課下課上車下車，每個人都在時間裡度過。鐘錶上的時間只是符號，時間即是生命，猶如沙漏般不停地消逝，所以落實合理的分配是當務之急。

——哲研所　葉可歆

王淑俐

中華民國一〇三年六月二十五日

掌握成功軟實力

——8個時間管理的黃金法則

Contents...

第1章

更好的時間管理，更好的世界

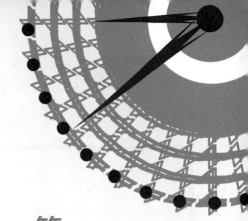

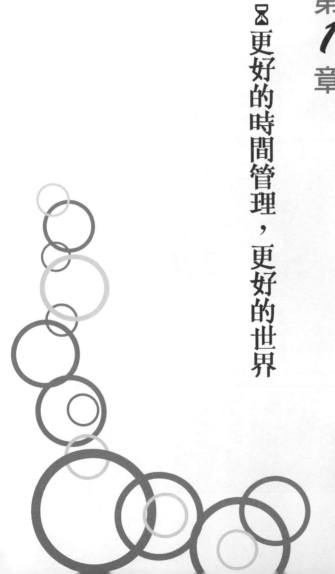

早早完成
還有一點時間
快來不及了
死線

〈生命轉彎處〉

你是否常覺得累、悶、煩？再加上睡不好、休息不夠，就更顯得疲憊與壓抑。

在外頭忙，回到家還有做不完的事，就連吃飯、走路都得「趕」。唉！為何就無法好好喘口氣、放個假？

透支的不只是身體，負面的情緒如憂鬱、焦慮也一波波襲來，真怕自己即將「燃燒殆盡」(burn out)！

「危機就是轉機」，現在該是自我改變的時候了。「山不轉路轉，路不轉人轉」、「窮則變，變則通」，只要自己還不放棄，「天無絕人之路」，一定還有其他出路。

我（筆者）從臺灣師範大學畢業後，分發到臺北市建成國中當老師。原本計畫以「在職進修」方式修讀碩、博士學位，也就是一邊繼續當老師，每周請一天「公假」到研究所上課。但因為自己的疏忽，忘了依規定在考前向臺北市教育局「報備」，以至於考取後不能辦理「在職進修」。變通之計為「補辦」報備，下一學年再讀研究所。然而，我的生涯目標排序，求學比工作重要；所以，若要選擇，我決定成為「全時」(full time) 學生而放棄專任教職。當時我已結婚，所以要從事兼職 (part time) 工作來分攤家計。

碩一時，不在計畫之列地我懷孕了。先生是職業軍人，部隊在高雄，無法在臺北照料幼兒；產後只好將幼子託付給臺南的公婆，這是當時我們以為最好的安排，多年後才因親子關係的疏離而感到後悔。若還有一次選擇的機會，我會把孩子留在身邊，一邊讀書一邊照顧他。雖然比較忙，而且需要很大的耐心，但對孩子比較好！

博士班一年級時，兩歲多的兒子與婆婆一起回到臺北，婆婆幫忙我照顧孩子。由於課業繁重及兒子調皮，加上與婆婆的教養方式不一致，難免產生摩擦，使得我從早到晚都心情煩躁。讀書、家庭、兼職三者的時間難以安排，讓我差點想放棄研究所課程；但博士學位是我的夢想與自我實現的目標，我必須堅持下去。幸好，恩師賈馥茗先生教導我時間管理的技巧，使我能「事半功倍」地度過難關，僅以三年時間取得博士學位。

拿到學位後，因為自己標準太高而求職不順，心裡老覺得恐慌。恩師賈馥茗教授再度提醒我：「不要問你在什麼位子，而要問你有什麼貢獻。」這才決心留在私立大學任教。二〇〇四年一月天氣很冷，我的心也一樣！當時擔任大學師資培育中心的主任，因流浪教師愈來愈多，「少子化」使情況更惡劣，師資培育工作也愈來愈吃力。我毅然辭去了專任教職，成為「自由的教育工作者」，與其一直懊惱，不如趁此機會徹底改變。

辭職之前，我問老父的意見，他說：「這是你的選擇，忠於自己的選擇，別人無法改變你的選擇。」父親的金玉良言讓我想通了：「只要相信自己還能選擇，就能過想要的生活。」我不再猶豫，雖會失去穩定的收入及退休金，卻能「收回」所有時間，不再有藉口不能過理想中的生活。而且，「自由工作」也是一種工作型態，忙碌且疲累，但我絲毫不後悔。在所有節省體力及恢復活力的方法中，以「時間管理」最為有效。

生命中多次面臨危機，每當不知如何抉擇及化解時，都靠著「時間管理」而救命。它不只「救急」還能「治本」，天天實踐「時間管理」，不但能使生活更充實，且能預防或避免危機。

時間管理的假象與真相

＊阿華經常感冒，拖好久都治不好！朋友說因為他太瘦了（意思是不夠強壯），他知道其實是太忙、太累、缺乏運動的緣故，但，這樣繼續下去……

＊小芳自認不擅長讀書，雖然想用功，無奈決心、行動、效果總無法相互搭配。內心深處她也不相信自己適合讀書這條路，但，這樣繼續下去……

＊阿丁生活作息不正常，總自我調侃「過著野人生活」；睡覺、起床、吃飯、工作都非常「隨性」與「自由」，但，這樣繼續下去……

＊翎琳愈來愈不快樂，工作了十多年，不算忙，只是日復一日做著同樣的事，沒有新鮮感，自然失去了熱情，但，這樣繼續下去……

＊小均覺得自己好緊繃，該做或想做的事情太多，每件事又都想做好。

每天就這樣衝撞，心情及腳步都不輕鬆。但，這樣繼續下去……

對現況感到憂心卻「這樣繼續下去……」的人，其實很多。結果會變成自己所不願見到的狀況：心情鬱悶、身體不健康、嚴重自卑、晝夜顛倒、失去鬥志、找不到人生目標。

趁著尚未全面失控，須趕緊找回主導權並「逆轉勝」。光憑「立志」並不夠，那只是安慰劑，有效期頂多三天。而須以「處理危機」的態度，採取「解決問題」的行動，才能「起死回生」。

「時間管理」是能「安定心情」、「改變局勢」的有效選項，因為你不是「真忙」，有些事其實可以割捨；你也不是「不忙」，有些事你不做就沒人承擔。別人看你忙或不忙，都不是事情的真相；別人叫你做或不做，也不一定是正確的判斷。唯有認清自己，自主抉擇生活方式，才是真正的解決之道。時間管理就是一種生活態度、生活方式，是自己的選擇，並完全由自我負責。

一、時間管理的意涵

許多人以為時間管理是指「在最短時間內，做最多的事」，這個說法似是而非。時間管理鼓勵你用有效的方法縮短做事時間，使工作及生活品質都提升。但，做很多事不代表時間管理成功，而應該問：「為什麼要做這些？會不會做太多了？」以避免盲目的忙碌。正確的時間管理，是把時間用在「對的事情」（包括職責與夢想），而且做得有效率、效果。

「時間觀念」是將時間視為具體、可分配的實體，時間比金錢還寶貴，甚至無價，所以要有計畫地使用，量入為出、不透支、花在刀口上。此外還要設法「增值」，也就是開創時間的數量與品質。如「五月天」樂團的歌曲「現在就是永遠」所唱：

人生都太短暫，別想、別怕、別後退，現在就是永遠。

時間稍縱即逝，不如想像的無限多，一定要好好利用。如同廣告詞：「生命就該浪費在美好的事物上」。你願意將錢與家人共享、借朋友救急或捐助別人；但你一定不願意被騙而將錢白白送人。時間也一樣，要用在有價值的地方；若隨便使用或輕易被人瓜分，會覺得可惜及心痛！

什麼是有價值的地方？以老師來說，除了上課，還需課後與學生相處與互動，解答他們課業與人生的疑惑。高中以下的學生需要老師輔導他自我了解與建立自信，大學以上的學生需要老師輔導他職涯規劃與人際溝通。老師除了被動等待學生發問，更應主動與學生多聊一句。

大學導師會請學生吃飯，但曾有教授感慨學生竟先問去哪家餐廳，如果不好吃就不來。學生反駁，由於平時老師與他們互動太少，不相信一次聚餐能談什麼，所以才不去。其實，不一定要請學生吃飯，只要是能幫助學生的任何方式，都可以採用。

老師為什麼要花時間與學生談話？因為，「有問題的」學生顯著增加，他們在自我了解、生涯規劃、情緒管理、人際溝通方面充滿困惑，甚至造成身心疾病。學業優異或表面沒問題的學生，不代表可以「放心」。還是要多與他們互動，讓學生感受到老師的「親和力」。這樣學生有問題才敢向老師求助，以免做出「傻事」。

為人父母更是如此，要多花時間與孩子互動，及時支持孩子、為孩子解惑。若總是「太忙」、行色匆匆，孩子就沒機會向父母傾訴心事。所以，老師與父母都需要學習時間管理，才能空出更多時間聽孩子說話。

時間管理不僅能改善工作效率，做完該做的事；還能激發潛能，使你有機會實現夢想。當你覺得很忙、做得夠多的時候，可能並未「火力全開」（還有許多潛能），工作成效其實還在個人的「標準值」之下。也就是說，「你能做的比現在更多（You can do more than you do now）！」

但，時間管理不全然是貪快或追求效率，而要達到效果。許多事情必須「慢慢來」，累積一定時間才能展現及體驗莫大的功效，如：睡眠、運動、休閒、家庭、才藝、親情、友情……等。

二、時間管理的困難

「時間」這個觀念頗為主觀，說自己「沒時間」，其實時間還很多；自認「時間很多」，卻可能已經來不及了。對於效率高的人，再少的時間都能珍惜與善用；拖拖拉拉的人，給再多時間都覺得不夠。

時間管理對人生各階段都有用處，價值與運用的程度成正比。也就是說，愈懂得運用愈能發揮時間的價值。一般人難以徹底、有效執行時間管理的原因，在於覺得「時間計畫」很難執行、綁手綁腳，會把自己變成了機器人。或覺得「計畫永遠趕不上變化」，真實世界「干擾」太多，很難專心或按照時間計畫進行。有人則因有自信在「期限」(deadline) 內完成任務，認為時間管理很容易，不需特別學習。其實通常都是自我感覺良好，說到卻做不到。

「迷信」或「輕忽」時間管理都很可惜！「迷信」是指瘋狂地追求速度與成功，誤解「與時間賽跑」的意義。由於高估時間管理的力量，而把自己變得匆忙、緊張、易怒、高度競爭及具有攻擊性。不僅身心俱疲，也會帶給週遭親友、夥伴負面影響。「與時間賽跑」的真義是，趁著還有時間，提前開始做事，才能保持從容與優雅。

「輕忽」時間管理的人，會變得「眼高手低」。雖能在最後一刻趕工完成，但工作品質往往不如預期、難以自我突破。不能落實的「偉大構想」，只是空想。唯有列出「時間計畫」，多請教別人或邊執行邊修正，才能真正接近成功。

時間管理「知難行易」，執行後會發覺不如想像中的困難。一般人會感到「知易行難」或無法「知行合一」，是因為人性「好逸惡勞」的弱點，遇到一點點困難或麻煩就忍不住放棄。所以，學習時間管理之初得帶些「勉強」，可透過計時器督促自己按計畫進行。使自己更「專注」於目標，在期限內完成任務，而且最好能夠提前完成。

一旦養成時間管理的「習慣」，就會產生類似自動反應的「續航力」。但依我超過二十年時間管理的經驗，人還是會有惰性，需要一些「勉強」才能有效進行時間管理。這種「犧牲」十分值得，良好的時間管理所帶來的充實與喜悅，遠超過強迫所造成的不自由或辛苦。

三、時間管理的效能

以下是時間管理的訣竅，做得好即可創造不凡人生，成為別人眼中的「達人」。如：

1. 「提醒」還有哪些工作未完成，且應早點行動以免到時手忙腳亂。

2. 「記得」各項工作完成的期限，以免不小心錯過日期或延誤大事。
3. 「找出」可以做事的時段與時間，以免草草了事。
4. 「預留」家人時間、社交時間，以免錯過孩子成長、造成人際疏離。
5. 「規劃」達成夢想的步驟與行動，以免空有美夢、美夢成空。
6. 「嘗試」不同的做事方式及技巧，以免愈來愈忙、事倍功半。
7. 「創造」幸福時光（休閒、旅遊、運動……），以免抑鬱寡歡、人生虛度。
8. 「珍惜」挫敗經驗（「經一事，長一智」），以免重蹈覆轍、白白受苦。
9. 「提前」完工的時限，以免沒有必要的懶散與拖延。
10. 「善用」時間以提供更好的服務（含志工），創造更美好的世界。

只要有決心改善自己的時間管理，別人很快就會感受到你的正向、積極，自己也有莫大的收穫，如：

1. 覺得時間變多了，可做更多的事。
2. 能將短、中、長程目標放入每天的時間管理內，覺得自己更有力量，夢想終於有機會實現，不再是虛妄地「立志」。

3.生活較規律，有更多時間可以運用。睡眠充足了，有更好的體力、腦力及效率。
4.能明確制定工作的時段，使各項工作順利完成，更有成就感。
5.不再拖延或遲到，使自己及團隊都有從容的時間及心情。
6.能自我檢討，找出自己時間管理的問題而及早改善。
7.不再將行程排得太緊，能加入「彈性時間」，使自己較不緊張。
8.工作與休閒交替進行，動態與靜態活動互補，兼顧身心健康。

不要排斥或誤解「時間管理」，如果願意試試，任何人都能從中獲益。能力強者可自我突破，因為「短跑選手」的爆發力，與長跑或馬拉松選手的耐力不相違背，可以相輔相成。規劃出「短、中、長程目標」，會使你更有成就與貢獻。

自認是能力較弱的人，更需要「時間計畫」，才能以「努力」與「毅力」累積小成就，逐步邁向成功之路。

〈案例討論〉

一、案例：有人一直抱怨沒有時間，卻未積極或系統地時間管理。就你的觀察，原因為何？對你而言，時間管理的定義及效用為何？請與人相互分享，並省思是否改變你原先的觀念？

二、討論分享：

「過猶不及」的時間管理

營養過度或不足都是營養不良，時間管理也是如此；「過度」與「不足」

都不算好的管理。未做好時間管理，以致陷於忙不完的工作當中，這是時間管理不足。過度的時間管理，則會使你成為工作狂，也不是時間管理的真義。

一、「過度」的時間管理

有些人非常積極、努力，仍有時間管理的困擾。他們大多是負責任、想把工作做得更好的人，但「拚命」一段時間之後，陷入了進退兩難的情況，不確定該更努力抑或改變工作態度。因為，如果什麼事情都要做，工作肯定永遠做不完。「過度」的時間運用，還會產生下列困擾：

1.為工作而犧牲夢想

由於時間與精力都用在工作，沒有多餘或足夠時間做其他想做的事，例如學習樂器；也無法追求自己嚮往的人生或夢想，例如：閱讀、練習英文、出國遊學或旅遊……。

2.無法判斷事情的先後順序

原有工作正在進行，若有臨時交辦的急件，以及接踵而至的電話及E-mail，會讓人難以決斷哪些事該先處理、哪些可以延後？若一直處理臨時事件，又會打亂了原先計畫，甚至不小心忘了更重要的事。

3. 無法按進度或計畫表完成工作

雖然排定了時間計畫，最後總未能如期完成。積壓的工作還是很多，壓力也未得到紓解。即使下班或休息，心情仍受到未完成工作的影響，無法真正放鬆。

4. 因工作而疏忽親友關係

工作忙碌到沒時間建立人際關係，更因疏忽了親密的家人而深感愧疚，如優客李林（李驥與林志炫）所唱的歌「耐心讓你更順心」：

> 我們在忙碌之中，會有一千個理由，對自己說時間永遠不夠用。
> 我們在內心之中，是否應該悄悄問問自己，在這種冷漠背後心痛不痛？

5. 產生莫名的壓力及焦慮

因為一直感到壓力與焦慮，於是睡不好、吃不下。想到還有許多事沒做，不僅無法專心於眼前的工作，也不敢從事必須的休閒及運動；惡性循環之下，身心健康都遭受摧殘。

二、如何走向「對的道路」？

如果知道最近有些重要或臨時事件要處理而比較煩心、疲累，辛苦一下，「撐過去」就沒問題了！若一直弄不清楚自己在忙什麼，疲憊感從未消除過，且時時覺得焦慮、緊張，就不能再「掉以輕心」。趁著還能覺察身心失衡，表示「有藥可救」的時候，趕緊挪出半天時間、找個安靜的地方，探索與反思問題的「關鍵」。若能請教良師益友，將更能有效、客觀、快速地釐清問題，不再走冤枉路、錯過改變的時機。這些「關鍵」可能是：

1. 是否有不少事情應該割捨或果斷地拒絕？
2. 是否有事情一直拖延、累積，以致工作壓力愈來愈大？
3. 是否常幻想仙女出現，幫你「清空」所有事情？
4. 是否已有不小的倦怠或無力感？
5. 是否一再自我安慰「明天會更好」而輕易錯過今天？
6. 是否工作效率「事倍功半」，而未「磨磨斧頭」（自我更新與成長）？

你該想想，目前的工作適合你嗎？目前所讀的科系是你的興趣嗎？許多人明知不適合、不喜歡，卻沒有決心、毅力去改變，繼續自我欺騙或逃避。如果你常覺得「事情太多，總被催著跑」、「羨慕別人能夠達成夢想」、「找不到人生目標」、「厭倦、鬱悶的感覺揮之不去」、「壓力好大」、「生活乏味」、「好想放棄」……等，就是人生劇本「必須」大幅改寫、好好學習「時間管理」的時候了。不僅是要學習每日、每周、每月、每半年、每年如何做好時間計畫，也要規劃長達五年、十年的中長程目標。

三、為何時間不夠用？

《Cheers 雜誌》「2013 青年行動力大調查」（葉彥君，2013，頁 74）結果，九成青年有夢想卻還沒追，「想做還沒做的事」以旅行最多 (46.4%)，其次為進修 (26.7%)、發展興趣 (25.8%)、打工度假 (22.9%)、找新工作 (22.6%)、換生活環境 (22.6%)。「想做卻還沒做」的原因以經濟壓力最多 (55.6%)，其次為還沒準備好 (45.4%)、不知從何開始 (40.3%)、時間不夠用 (27.7%)、害怕失敗 (25.8%)。由此可見，年輕人在規劃「短中長程目標」及「時間計畫」方面，還有很大的進步空間。

時間不夠用的原因包括，事情沒做完又接下新工作，不僅是公事，還有私事及別人的事。就算「能者多勞」吧，做太多仍可能「過勞死」。若「力有未逮」又不懂得工作技巧，不能適度拒絕或向人求助，必然忙得焦頭爛額、心力交瘁。所以，藉由時間管理可「自我改造」，客觀分析、理性面對現況與問題，才能「對症下藥」。

時間管理是「穩賺不賠」的投資，不需「自備金」，上天每天奉送二十四小時供你練習；即使今天管理不佳，浪費了許多時間；明天仍有二十四小時。

不少人「急於」學到時間管理的技巧，以為從此解決所有問題。其實，知道技巧並不難，能否做到及「到位」才是關鍵。如「社交技巧」(social skills)訓練，主動與人打招呼、面帶微笑、交談時注視對方的眼睛、適度表達自己的想法與感受、傾聽別人的表達等，能否做好卻有很大的個別差異。

時間管理的技巧其實很平凡，難在「執行」。所以不應「奢望」時間管理的神奇力量，而是要「覺察」自己的問題，並勉勵自己「踏實」地改善。

〈案例討論〉

一、案例：有人不接受別人的建議，非要自己經驗過才相信。然而，凡事都靠自己經驗，不僅太慢而且來不及（後果無法彌補）。你呢？能事先理性分析某件事值不值得做，再決定做或不做嗎？為什麼？

二、討論分享：

時間管理必須「客製化」

不同狀況如：學生、上班族、主管、自由工作者、家務工作者等，或不同個性如：急性子、慢郎中等，各有其時間管理的問題與執行障礙。如：猶豫不決、五分鐘熱度。大家都希望更勤奮、專注、速戰速決、穩定、勇敢、不悔、活力充沛、嚴謹，但時間管理的功課其實各自不同。所以，要虛心學習，不要執著、不要抱怨；趁此檢討自己時間管理的觀念，精進時間管理的技巧。真正負起責任，為自己「客製化」一套最適合的時間管理風格。

一、時間管理的功力

以大學生來說，脫離昔日被嚴格管制、幾乎沒有「自由」的中學生活後，要如何善用手上的「大筆時間」？尤其離家讀書、少了父母的約束，如何做到不熬夜、不沉迷網路、不蹺課？明知正常飲食及充足睡眠很重要，否則會弄壞身體、沒精神上課；明知打工要適可而止，以免賺錢不多卻荒廢學業；明知應自我投資，好好投入證照考試、企業實習、外語檢定、雙主修、輔系，以免競爭力不足。可是，大學四年一晃即過，仍未做好上述許多該做的事。

不僅是大學生，下列「指標」也可檢視各行各業時間管理的「功力」。

1. 「時間愈來愈多，事情愈來愈少」，因為學會了割捨、把握重點。
2. 「壓力愈來愈小，心情愈來愈輕快」，因為學會了判斷事情的輕重緩急。
3. 「目標愈來愈明確，夢想愈來愈落實」，因為學會了實踐、積少成多。
4. 「吃飯愈來愈慢，動作愈來愈從容」，因為學會了享受生活、保持優雅。
5. 「睡眠愈來愈甜，疲累愈來愈少」，因為學會了細水長流、寧缺勿濫。
6. 「休閒愈來愈多，笑容愈來愈自然」，因為學會了均衡一下、中庸之道。
7. 「東西愈來愈整齊，專注力愈來愈強」，因為學會了條理分明、自制自律。
8. 「效率愈來愈高，效果愈來愈好」，因為學會了自我創新、維持熱忱。
9. 「拒絕愈來愈容易，干擾愈來愈少」，因為學會了自尊自重、授權合作。
10. 「親友愈來愈常見面，相處愈來愈愉快」，因為學會了欣賞別人、建立人脈。

時間管理不僅可增進眼前效率，還能使人「有遠見」。孔子說：「人無遠慮，必有近憂。」（《論語・衛靈公篇》）若只是「被動」應付眼前的工作（一年內的短程目標），「看不到」五年以上的中、長程目標，就會活得忙碌、盲目與茫然。惟有「主動」設定各類目標，生活才會從容而豐富，笑容也更真實而燦爛。

時間管理讓你不再「盲目」，如《聖經》所說：「從前我是盲眼的，如今我能看見。」時間管理讓你看見自己正過著「不對的生活」，「茫茫然」、「日復一日」的虛度光陰。時間管理讓你確定自己「想要的生活」，如孔子所說：「不患無位，患所以立；不患莫己知，求為可知也。」許多人終其一生「沽名釣譽」，其實是自我迷失，這才是浪費時間！

時間管理不會把你變成「閃電俠」、「鋼鐵人」，以「極速」來完成大量工作，或精力充沛、沒日沒夜地拚命工作。而是幫你「平衡」人生，不再「一路狂奔」或「拖拖拉拉」。能適時調整速度，該快的時候快，該慢的時候慢。時間管理幫你恢復「人」的本質，要你勤練「基本功」；踏踏實實地盡本分，不求「一飛沖天」。所謂基本功如下：

1. 不拖延，就不會有堆積如山的工作。
2. 不熬夜，就會有足夠時間養足精神。
3. 吃早餐，就不會無精打采、欲振乏力。

4.提早完工，就能撥出時間去度假。
5.善用零碎時間，就能避免「來不及」的心理恐慌與壓力。
6.規律運動，就能增強體力、耐力、心力與腦力。
7.不急功近利，就不會頭痛醫頭、後患無窮。
8.不自私，就能多為別人想一想，為大家節省時間。
9.自律，就能延緩滿足、先苦後樂，有動力完成既定的目標。
10.早起，就能創造更多「高效時間」，增加自我控制的效能感。

二、時間管理是個人的營養補充劑

時間管理不僅運用於工作或學業，家庭、休閒、運動、人際關係、進修等層面，都需要時間管理。時間管理能使生活均衡，增添活動的「附加價值」。例如，自助旅行若有較準確的「時間計畫」，前一晚將次日或接連幾天的活動謹慎規劃，配合交通工具的班次、參觀景點或機構的營業時間、飯店的入住與離去時間、所需的睡眠時間（須睡眠充足）、餐飲地點與用餐時間等，就能省下不必要的往返奔波，有足夠的時間享受景點，提升旅遊品質與心情。

將時間管理變成自己的強項與職能，必能增加自信心與成就感。不論工作或度假，都能盡情「享受」、樂在其中。有效的時間管理能使你如期達成目標，保持心情愉悅。

大家都希望「快樂」，但多少人能真正、持續快樂？「時間管理」就有這個本事，能挽救低落的心情、「校正」偏差的生活，使你快速「回復」快樂。因為時間管理是「行動」，將「該做什麼」、「想做什麼」落實；即使只做一點點，也能從沮喪、無助中脫困，產生希望感。拖延、逃避使困難坐大（其實是「心理壓力」），行動則使問題逐一崩解，能夠「及時」甚而「提前」完成任務。

時間管理像「止憂劑」，使你從消極、悲觀轉為積極、樂觀。事情堆積會降低自信、變得悲觀；反之，良好的時間管理與工作完成之間形成良性循環，自我形象自然愈來愈開朗、陽光。

三、時間管理可使人人都過美好的生活

人人嚮往「美好的生活」，時間管理可為你展現期盼的「奇蹟」，包括：

1. 睡到自然醒，起床後神清氣爽、效率大增。
2. 生活精采，精心規劃每天的各個時段（晨間、上午、下午、傍晚、晚間）。
3. 恰當調配，使一天的生活能好好運動、休閒、與家人及朋友相聚。
4. 為自己增能，有時間學習各種技能、閱讀各類書籍。
5. 足夠的喘息，因良好的睡眠及休閒而恢復身心平衡。
6. 心情平和，不因外來或突發事故而情緒失控。
7. 學會取捨，確定自己的人生目標及優先順序。
8. 不浪費時間，維護自己時時刻刻的寶貴時光。
9. 享受人生，如愛默生所說：「把事情做好，本身就是報償。」
10. 時間充裕，能做「想做的事」，如：閱讀、陪伴家人、進修、旅遊打工、國際志工、社會公益活動……，使人生豐富及有意義。

養成時間管理的好習慣，建立生活的規律與節奏，奇蹟就會成為事實。因為「奇蹟」本來就存在，不該愈來愈遠。我們都有若干問題如體力不足、過胖、自卑、前途茫茫、沒有成就感、恐慌、逞強，也知道原因來自於休息不足、體力透支、團隊合作出了問題、沒有自我成長、欠缺休閒活動、未固定運動、睡眠時間不穩定。如果不及早「自救」，到了真的「沒時間」，再來後悔就來不及了。即使你對自己的時間管控已很有把握，仍可「精益求精」，不要忽略或停止時間管理的行動。

郭台銘的鴻海集團，因三個"Time"的時間管理技巧而成功，包括："Time to market"（即時上市）、"Time to volume"（即時量產）、"Time to money"（即時變現）。「時間管理」不是學過就能畢業的「技術」，而是不斷求新求變的「藝術」。不論個人或組織（企業），若能持續激勵與更新，就能以「更好的時間管理，開創更好的世界」。

〈案例討論〉

一、案例：

從你內心深處的渴望來看，你希望時間管理能為你帶來什麼奇蹟？與別人互相分享與打氣，並開始你的第一步。

二、討論分享：

本章貼心叮嚀——你該開始的「時間管理」練習

*使用有效率的方法、縮短做事的時間，使工作及生活品質更好。

*積極維護自己的時間，不要隨便被別人瓜分掉。

*確實規劃「短、中、長程目標」，你會比現在更有成就與貢獻。

*因為個別差異，所以時間管理必須「客製化」。

*多付出時間主動關懷及詢問他人。

＊學習時間管理的最初會有些「勉強」，但犧牲一些個人自由是值得的。
＊先列出時間計畫，再以計時器督促自己儘量按照計畫進行。
＊將時間管理變成自己的強項與職能，就能增加自信心與成就感。
＊時間管理是「行動」，即使只做一點點，也能從沮喪、無助中脫困。
＊還能覺察身心失衡之際，趕緊探索自己時間不夠用的「真相」。

我的創意與實驗——試試看！為自己「量身訂做」的「時間管理術」

1.
2.
3.

第2章

我的天賦與天職——生涯目標與按部就班

一直工作窮忙!!!
我的夢想在哪裡!??
在這堆雜物裡啦！快把它挖出來！

〈生命轉彎處〉

你是否以為，若能找到自己明確的人生目標，會更有勇氣面對各種挑戰。例如，大學生本該認真讀書，但看到課本卻懷疑：「以後會用到書裡面的東西嗎？念大學是為了學歷或家人的期待？為何我找不到說服自己用功讀書的好理由？」

這樣的矛盾與衝突使人痛苦，萬一必修科目沒通過而必須「延畢」時，既不想繼續讀書，又怕看到家人失望的神情。唉！要走哪一條路才好？

如果連「本分」都做不好，還談什麼雄心壯志、人生目標？

如果弄不清自己能做什麼、想做什麼，還談什麼「大膽做自己」？

當年我讀臺灣師範大學時，還是公費制度，畢業後可「分發」擔任國中老師。後來，我以「全時學生」的方式就讀研究所時，有幾位教授熱心地幫我介紹專職，我都以學業及幼兒優先而放棄了很好的工作。拿到博士學位後，我才真正開始「謀職」，第一階段是找「工作」，第二階段則是找「天職」。

擔任國中教師是「鐵飯碗」，所以不知求職之苦。之後我的就業之路是從「兼職」、「多職」到「專職」，然後又回到「兼職」與「多職」。我的專職時間僅十二年，分別為國中教師兩年、大學教授十年。二〇〇四年我辭去教授專職，自稱「自由的教育工作者」，目前在文化大學、世新大學、臺灣科技大學、政治大學等四校兼任。之前還兼任過臺北商業技術學院、臺北科技大學、國立體育大學、清華大學、實踐大學、臺北市立教育大學、國立臺北教育大學、臺灣師範大學等共十二所，這項教學紀錄也算個人特色吧！

我的「多職」除了教學，還有專題演講及寫作，且分量相當各占三分之一。專題演講固定在法官學院、國家文官學院、臺北市公務人員訓練中心、職訓局等單位擔任講座外（課程為：職場倫理與行政溝通、情緒管理、時間管理、危機處理與問題解決、師資培訓等），也常到各大學及醫院的師資培訓單位或對各級學校教師與家長演講，每月的演講場次約十五場（每場二—三小時）。寫作方面自博士論文獎助出版至今，已出版五十餘本書，還不斷有新書籌劃。

為什麼我會選這三種為「多職」呢？其實我在演講、寫作方面不算出色，僅國中時代（偏鄉學校）有過幾次得獎紀錄。但比起其他科目如數理、英文、體育、繪畫等，演講與寫作算是我較能發揮的「天賦」，所以我勇敢朝此「潛能開發」。

大學時代參加演辯方面社團，也積極參加校內外演辯比賽，均有不錯的成績，還因此當選臺師大第一屆傑出學生。碩博士班時，因學長的指導與鼓勵，我開始練習投稿、出書（感謝南宏圖書公司幫我出版第一本書）。

許多人聽到我辭去專職，都認為我很有勇氣、放得開；但不免擔心，覺得還是有專職比較好。其實，兼職與多職不等於「失業」，只是工作型態不同。幸好我的配偶、家人及好友都非常支持我，知道這樣做是理智的抉擇而且適合我，並非隨興、冒險及嘗試錯誤。所以，做抉擇的前提是擁有自信及多元才能，否則別人仍然不看好。

當我辭去大學專職，恩師賈馥茗先生只問：「辭職後，家庭的經濟有沒有問題？」（當時兒子讀大學、女兒讀國中）我回答：「沒有！」恩師就不再多問且盡力幫助我。

有些年輕人會說，想做自己有興趣的事但家人反對，或覺得準備還不足夠。若自己都無法信任自己的選擇，不能以充分的理由說服家人，當然無法篤定地「向前行」，因而變得很怕聽到別人的反對聲浪，怕打擊自己「脆弱」的信心。

我在二十歲時決定三十歲要取得博士學位，完成「自我投資」的任務。三十歲時我決定四十歲要辭去專職，以全部時間進行「人生實驗」，追求深刻的快樂。五十歲以後我則要找到「天職」（或稱「使命」），我想設置「無國界教師組織」（仿效「無國界醫師組織」），扶助教育弱勢族群，展現教育曙光。

我的志願與人生目標

我國「萬般皆下品，唯有讀書高」、「金榜題名，光耀門楣」等傳統觀念根深蒂固，不論是否擅長讀書都承受很大的壓力。不會讀書的人被認為沒有出路、沒有前途，考到頂尖學校的人，也不等於達成人生目標。

一、這是我的志願嗎？

小時候作文課，老師總會出「我的志願」這類題目。當時大家都很大膽，寫想當科學家、律師、飛行員、教師，真要追問，恐怕還是父母師長的期待與社會的標準吧！自己真知道將來要成為怎樣的人嗎？

升高中及大學選填志願時，不少人仍依照社會價值觀，也就是高社會地位、高所得來排列校系順序。但他們真的清楚哪些適合自己嗎？萬一不適合，即使讀到第一志願的校系，若發現興趣不合而想轉系、休學、重考，或者勉強讀到畢業，不是更浪費時間、耽誤人生嗎？若考上理想校系即代表人生目標「已達」，從此就失去奮鬥熱情，豈不更悲哀？

二〇一三年十二月初報載，一位以「繁星計畫」進入臺大園藝暨景觀系的新生，疑因課業繁重、與自己興趣不合，導致成績下滑而萌生休學念頭。住南部的母親為了安撫兒子，特地北上陪他，豈知兩人用餐時起了口角，兒子竟直奔學校某處頂樓跳樓身亡。這個悲劇應能提醒天下父母，不要勉強孩子讀與自己興趣或能力不符的校系，「寧為雞首，不為牛後」、「行行出狀元」。不要執著一定要讀頂尖大學，而應努力達到自己的頂尖。

我國父母、師長很少鼓勵孩子「以天下國家為己任」，多半說「好好讀書，才有出息（過名利雙收的「好日子」）。」做子女的也不一定能達成父母期望，或不喜歡父母將期望「套在」自己身上。可惜的是，許多孩子長大、自主之後，還是難以掙脫父母的壓力；想走自己的路，卻不知如何與父母溝通。

吳淡如曾為她的小孩寫過一本書《親愛的孩子》（2011，頁104–105），她不希望自己的女兒成為資優生，卻一定要擁有「抗壓力」。吳淡如的小弟吳育誠從建國中學資優班一路念到臺大電機系，常拿全校第一名。二十四歲當兵時，因無法接受女朋友提出分手，遂在酒後從女友住處十二樓自殺身亡。整整五年，吳淡如無法走進弟弟的房間，晚上也常夢見自己被活埋。

公益平臺文化基金會董事長嚴長壽認為（1997，頁8），要升學或就業，得好好衡量自己的狀況再決定。嚴長壽從基隆高中畢業即入伍當兵，二十三歲退伍時經過一番思索，想到父母年邁、家庭經濟不佳，不可能安心當全職學生。如果讀夜間部，也不一定能兼顧學業及工作。加上自認不會在讀書領域有所作為，而且讀完大學已經二十八歲了，還能找到什麼工作？於是他放棄進大學，去美國運通公司工作。五年內，他讓公司轉虧為盈，從最低階的傳達室小弟跳升到美國運通臺灣區總經理。三十二歲時，嚴長壽再應美國運通辦公室房東周志榮先生邀請，成為亞都麗緻飯店總裁。

至今他仍主張不一定要念大學，但一定要具備英文能力；如此即可上網學到史丹佛大學或麻省理工學院的開放式學程。嚴長壽以己例鼓勵大家，靠著自學與敢講，就能練出不錯的英文能力。

二、找到及增加自己的優勢

先要找到自己的「天賦」或「熱情」，然後「鎖定目標」、「集中火力」。尋找的線索如下：

1. 了解自己

找出自己的強項，如：學科、態度、行為等，或曾代表參加的競賽項目。若暫時沒有明顯的強項，可採「消去法」，刪掉自覺比較做不好的項目，剩下的就可以「嘗試」及「再試一下」；練習久了，自然比別人強。

2. 楷模、偶像及夥伴

找到自己的楷模、偶像，可以是古今中外的名人，也可以是身邊的父母、老師、學長姊或同學，希望自己能像他們一樣。不一定要從事相同的職業，也可以學習他們的精神與態度。夥伴是指「志同道合」，能一起努力，如此不僅工作愉快，且能收「事半功倍」、「眾志成城」之效。

3. 努力的計畫

如果想讀較高學位，就要爭取更好成績及準備升學考試。如果想成為某方面的達人，就要參加相關社團或訓練課程，並以大型競賽或重要證照為目標。計畫前多諮詢相關經驗的師長、朋友，他們的建議非常寶貴，要虛心接受。也可與目標相同的朋友「揪團」，相互監督與激勵。

4. 增加助力、排除阻力

訂定目標與計畫，要尋找相關的助力及資源。若出國留學而家庭經濟條件不允許時，就要提前儲蓄或爭取獎學金。若父母不贊成就要「拉長戰線」，早點進行「說服」工作。更重要的是，以行動證明自己的選擇正確，「事實勝於雄辯」。

5. 自我激勵、默默耕耘

給自己寫「讚美日記」、「成功日記」、「新生日記」，都能產生力量與勇氣。成功並非耀眼的煙火，而是內斂的電力，因此要有耐心「長期抗戰」。

給自己多些時間歷練、增能，才能擁有經得起考驗、源源不絕的真才實學。不要短視近利或盲目羨慕別人，成功需要默默耕耘「一段時間」，並以認真的態度去做。如印度電影「三個傻瓜」所說：「追求卓越，成功自然隨之而來。」

《Cheers 雜誌》專訪（盧智芳，2013，頁 26–29）原聲童聲合唱團團長馬彼得（南投縣信義鄉羅娜國小校長）時他說，他要求的「天條」是功課準時做完、每天準時練唱，而不是比賽「非贏不可」，孩子們都知道他要的是態度——認真地練唱。問他若未進入教育界，最可能去做什麼？馬彼得說，應該是個稱職的農夫。他相信態度決定一切，不管放在哪裡，他都會用一樣的態度面對。他建議年輕人就業時，想法要從「我要一份什麼樣的工作」轉成「我要歷練什麼」。歷練多了，本事就多。

三、找到適合自己的職業

找到適合自己的志願或職業，除了配合「個性」、「自我期待」，也與「時間管理」有關。如果沒有足夠的心理準備、擬妥因應策略，失敗率就高。

例如，想過規律的生活，工作與私人生活分開，就要找「朝九晚五」、上下班固定的工作。想成為藝術創作者、企業家、科學家，好處是時間掌握在自己手中，但相對就要接受工作時間長、公私難以劃分的現實。

不少行業不僅工作時間較長、不穩定，需要較佳體力，還會影響到家庭、人際關係、睡眠、運動等，如：職業軍人、機師與空服人員、導遊、醫護人員、警察與消防人員、餐旅業等。旅行作家褚士瑩除了自己四海為家，還規劃及帶領別人一起從事「公益旅行」；這樣的職業（天職），與個人的生存、生活、生命存在完全結合（詳參《在天涯的盡頭，歸零》一書，時報出版）。

能找到發揮自我的事業，是件十分幸運及幸福的事。不論過程高低起伏或有多少實質收穫，只要堅持下去就算成功。例如，歌手「亂彈阿翔」（本名陳泰翔）二十六歲時（1996年）成立亂彈樂團，擔任主唱兼吉他手，並負責詞曲創作。一九九七年以「良心」獲得中華音樂人交流協會年度十大單曲獎，一九九八年獲第九屆金曲獎最佳演唱團體獎，一九九九年以「走馬燈」再獲中華音樂人交流協會年度十大單曲獎。相隔十二年後，二〇一一年以「完美落地」獲得第四十八屆金馬獎最佳電影歌曲獎，得獎時超過四十歲。二〇一二年獲第二十三屆金曲獎最佳國語男歌手，二〇一三年再獲第二十四屆金曲獎最佳單曲製作人獎。

不論得獎與否，亂彈阿翔一直堅持自己的理想，不斷自我開拓。如同他得獎的歌曲「完美落地」：

我相信有努力會開啟久違的光明，老天爺總是會看得清。

不管你的偶像是誰，他們一定有相同的精神：找到自己的「天職」，灌注熱情、全力以赴地發展「天才」。如雲門舞集創辦人林懷民、美國國際服裝競賽Gen Art前衛時裝大獎(The Design Vision of Avant-Garde)得主古又文、世界麵包冠軍吳寶春，他們的成就都是一點一滴、不斷練習所造就。如果你能抓住一個適合自己的目標或興趣，不停地努力；即使天分不足，也會因累積而由量變產生質變，成為某個行業的達人。

時代不斷變遷，除了固有的職業外，也潛藏許多新機會，待你勇敢開創。例如：打造國際頂級遊艇精品的曾信哲（王凱等，2013），大學重考三年都落榜，卻能創建員工三百人的緯航企業。他說，臺灣的教育太重視成績，成績不好，專長就被忽略。他自己從高工起就立定志向創業，考不上大學就進入遊艇公司工作，這是他的興趣，一直做就一路爬了上來。

曾獲《紐約時報》暢銷書排行榜榜首的湯瑪斯・摩爾（Thomas Moore），在《這輩子，我最想做的事》一書中說，每個人都要找尋自己的天職——人生的方向感、使命、存在的理由，但「不將自己的天職限定在某個職業上。尋找天職的過程中應保持彈性，如此才能接納變動。」（廖建容譯，2012，頁36）湯瑪斯・摩爾的經歷也是如此，年輕時不斷嘗試各種感興趣的事，做過多種行業，後來成了作家。他認為，人生在不同階段，會有不同的天職。

如今愈來愈多人覺醒，知道尋找天職並非年輕時的任務；中、老年階段更需要，才能在人生不同歲月中從事其他的天職，一直保持生命熱情、活力及自信。

〈案例討論〉

一、案例：

有些人羨慕別人多才多藝，認為自己一無是處，找不到傲人的優點。你覺得他們所犯的錯誤為何？對你而言，怎樣才算有才華、值得自我肯定？請與週遭的人請教與分享。

二、討論分享：

尋找天職的障礙

聽到別人有遠大目標或看到別人已達成目標時，一面佩服別人的勇氣及毅力，另一面可能充滿哀怨與自卑，不知自己到底適合從事什麼行業，懷疑自己能否達成目標。悲觀與負面情緒使自己與理想的差距更大，雖有偉大計畫卻一再自我洩氣！

一、實現生涯目標的阻礙

生涯目標主要指未來的職業與發展，除了依循社會標準（含父母期望）外，更要符合自己的興趣與性向。報載（陳智華，2013），臺師大心測中心為國中生做「職涯性向與興趣測驗」，包括實用、研究、藝術、社會、企業以及事務型等六種性向或興趣。結果發現，45%的國中生興趣及偏好並不明顯，其中47%對六類型都有興趣，33%沒有特殊喜好，20%對什麼都沒興趣。興趣不明者男生達65%，女生有22%，男生是女生的三倍。高達52%的學生在選擇高中或高職群科時，興趣與天賦沒有交集。28%有興趣卻沒天賦，19%為有天賦卻缺乏熱情，15%既無天賦也無熱情。

是什麼阻礙了生涯目標的訂定及實踐？可能的原因如下：

1. 失敗經驗太多，覺得怎麼努力也沒用。
2. 無法脫困、脫貧，哪敢奢求實現夢想？

3. 總覺得別人看不起我，自己是人群中最差的一個。
4. 做了很多卻沒被注意或感謝，沒有成就感。
5. 嚴重自卑，未做之前就已認定做不好。
6. 身體不好，家世背景不好或有心理疾病。
7. 夢想遭到父母反對，或與社會價值觀不符。
8. 個性內向害羞。
9. 經濟不景氣、高失業率。
10. 心情不好。

在慨歎自己的條件不足、時運不濟時，真實的狀況可能是：

1. 持續力、執行力不足。
2. 能力、創意、體力、朋友不足，造成惡性循環。
3. 太在意別人的評價，太渴望別人的肯定。
4. 未及時改善自身的缺點，未跟上時代腳步。
5. 沒有動力，無法成為積極的人。

6. 依賴家人或朋友，不能靠自己解決問題。
7. 不了解自己、不能自我肯定，沒自信或沒主見。
8. 不想面對現實，抗壓力不足。

二、突破生涯發展的阻礙

由下列案例，能清楚看到不能突破生涯發展的原因。

大二的小雅覺得通過英文檢定很困難（系上畢業門檻之一），她畢業於高職夜間部，英文底子不好，家裡無經濟能力供她補習。另外，她的自卑與惶恐還包括覺得別人的想法又快又多，自己在舉一反三及記憶力方面比別人差。看到別人用功讀書就心慌，不敢玩樂也不參加自己喜歡的社團，或從事有興趣的音樂創作。總之，她覺得自己很沒用，每天回到宿舍就是哭。

其實，小雅很用功，每學期都能拿獎學金。但強烈的焦慮感使她失去了鬥志，無法專心讀書。曾有位高職教師就讀研究所時，為了通過英文中高級檢定而考了十次。這個例子應該可以激勵小雅，她應多參加學校或系上的英檢加強課程，有系統地自我改善與練習。至於不敢休閒娛樂，這樣也無濟於事，只會更添焦慮。另外，小雅還應該尋求學校心理諮商，在生涯規劃與情緒調適方面採取建設性的行動。

臺灣第一位盲人心理師朱芯儀的命運或際遇十分坎坷，原本是才貌雙全的少女，就讀國中時因腦部長了九公分大的瘤，壓迫到神經以致一耳失聰、雙眼失明，傷及身體右半邊的肌肉導致類似半身不遂。頓時從驕傲的孔雀墜入人間煉獄，還因此自殺了好多次，每次都被發現。母親抱著她大哭：「如果你死了，我也不想活了。」母親大量的淚水終於把她喚醒，她想：「既然不能死，就要接納自己的殘缺，珍惜自己所擁有的，從此只跟自己比較。」現在的朱芯儀開朗、幽默、自信，使她更加美麗。她以自己獨有的生命體驗，從事她的天職「身心障礙青少年輔導」。我問她名片上印的「黑暗治療」是什麼？她笑說：「就是要明眼人處於不熟悉的黑暗中，進行心理治療。」真是十分創新，由盲人引導明眼人在黑暗中「認識自己」。

〈案例討論〉

一、案例：

許多人心慌於不知道自己的目標或天職，於是胡亂抓住眼前所有的機會，不管是否真的適合自己。結果弄得自己更加忙亂與挫敗，反而不知道自己到底要什麼。你有類似的經驗嗎？經過這些教訓，是否較能看清自己真正的目標？請與週遭的人請教與分享。

二、討論分享：

為什麼需要人生目標？因為，若沒有目標、找不到生活重心，不僅可能瞎忙，還會覺得飄飄蕩蕩、空虛茫然。即使把時間塞得很滿，身體也非常疲憊了，仍然睡不安穩。但，訂了目標就表示解決所有問題嗎？當然不是！目標只是「解決問題」的開端，有了「明確並且適合自己」的目標，還得有具體的「行動計畫」及「執行與修正」，才算完整的「目標管理」。

一、生涯目標的意義與類型

生涯目標是指「該做」與「想做」的事，前者為自我責任，後者是自我期許；範圍包括：職業發展、個人夢想、眼前的責任。

生涯目標可分短、中、長程三種，短程目標是「一年之內」必須做或想要嘗試的事，中程目標為「三至五年內」想達成的目標，長程目標則是希望「十年後」完成的夢想。長程目標最難訂，一般人覺得變數太多、很難看到那麼遠。

然而，一個人的成敗或快樂的分野，就在長程目標，所以，還是要試著把它訂出來。若以整數的年紀來練習，十歲時訂定二十歲的目標，二十歲訂定三十歲的目標，三十歲訂定四十歲的目標。「四十而不惑」之後，再訂定五十、六十歲以及退休後的長程目標。若不這麼練習，終其一生可能渾沌、遺憾。

除了「年紀小，志氣高」之外，多數人在二十歲以前都聽從父母師長的安排，以致到了成年仍不知自己的人生目標所在。若不及早改善而一直活在懊惱中，將無法擁有圓滿的一生。

短、中、長程目標不是列給別人看或用以自我安慰，而是作為自我定位與修正人生方向。項目不需太多，十項左右較為恰當；不是宣誓或立志，而是須落實的任務。我提出自己各類目標五項，以供讀者參考：

〈短期目標：一年之內〉

1. 完成《國境之南榮——愛・教育・奇蹟》一書。
2. 完成時間管理新書。
3. 每月演講減至十－十五場。
4. 調整兼任之大學（增或刪）。
5. 養成「早睡早起」（晚上十一點至早上六點）的習慣。

〈中程目標〉

1. 成立「無國界教師組織」之公益團體。
2. 養成運動習慣、維持良好的體重及血壓。
3. 增進英語能力。
4. 增進寫作能力。
5. 家人關係更和諧。

〈長程目標〉

1. 與國外相關教育公益團體交流與合作。
2. 成為「時間管理達人」。
3. 成為「教學達人」。
4. 英語表達流利。
5. 與家人志同道合、同心協力。

因為我擔任教職，有較長的寒暑假。這兩三個月，可當作另一種短程目標，我的例子如下：

〈寒假目標〉
1. 每日運動（三十－六十分鐘）。
2. 早睡早起（晚上十一點至早上六點）。
3. 下學期各大學之「備課」。
4. 完成大部分之時間管理新書內容。
5. 完成《台灣教育雙月刊》半年的專欄稿件三篇（約一萬字）。

對大學生來說，短程目標是一個學期至一學年，屬於學業或社團方面居多。中程目標是整個大學四、五年期間，為了增強專業知能或修讀輔系、雙學位。長程目標則從讀大學起至大學畢業後五年，可能是完成碩博士學位或取得專業證照、謀職、創業等。國高中階段若沒有練習訂定目標，到了大學就不知如何依興趣與能力來努力。若發現所讀科系與興趣不合，或某方面必要能力不足，也會不知所措。柏拉圖說：「強制的學習，不會進入心靈。」我國的教育方式充滿強制成分，不少人讀到了大學仍不知自己為什麼讀書？甚至到了大四仍想休學（或已休學過一、兩次），原因就在於當年讀這個系並非自己的意願。

有些人為了父母而勉強讀完大學，之後不再從事相關行業。這還算喜劇，只是白走了冤枉路。有些學生就沒這麼幸運，可能畢不了業甚至罹患心理疾病。正確的做法應是找到自己的興趣並多與父母溝通，才能從事自己喜歡的工作。

大學畢業後仍要繼續訂定短、中、長程目標，短程目標為給自己多方嘗試的機會，決定哪類職業更適合自己。中程目標為找到長期投入的行業，努力做出成果。長程目標則是在某些行業擁有一席之地，展現傲人的績效，並開始回饋社會。

二、訂定與修正自己的生涯目標

如果你不想每天過重複相同的日子，不想時間從手中白白溜走，如果你期盼生活能有改變，就一定要儘快找到自己的目標。一般人常常夢想太多，真正完成的太少，例如：想要每周讀一本書卻抽不出時間。其實這個目標不難達成，可從找到喜歡或想讀的書並每天讀十分鐘開始。

有了確切的目標，生活才不會忘忘，造成「那些年錯過……」的遺憾。拿幾張厚紙卡，將你的短、中、長程目標寫下來。藉此機會好好想一想，哪些事必須完成？哪些事一直嚮往要做？寫下來不是為了自我陶醉或自我安慰，而是提醒自己努力實踐與實現。這些目標如果不切實際或不適合自己，隨時可以修改、調整。

看看下面這位大一新生的目標，可行性如何？

1. 短程：財金系之外，雙主修法律系。
2. 中程：出國留學打工，見識不同文化，通過英文高級檢定考試。
3. 長程：考取律師執照與精算師執照。

這些目標看來頗有雄心壯志，若無法順利進行，反而打擊自信與志氣。所以開始時理想不要太高，以免與現實落差太大，對自己感到失望或放棄。

先打聽如何才能雙修法律系，並開始準備申請雙主修。至於英文檢定及律師、精算師等執照考試都不是小事，需要長期規劃，不可能靠「三分鐘熱度」而完成。

其他大學生常見的目標還有：

1. 創立社團，與志同道合者一起實現夢想。
2. 出國讀書、打工遊學。
3. 參加多益、日語、托福、德語、西班牙語等檢定。
4. 打工或企業實習，尋找未來的職業方向。
5. 養成運動習慣、減重。
6. 改善睡眠品質、早睡早起。
7. 取得技術與專業證照。
8. 認識更多人，交到好朋友。
9. 考取機車、汽車駕照。
10. 準備高普考、研究所。

11. 多讀各類好書。
12. 修愛情學分。

上述目標不可能全部嘗試，但也不要選擇過少而錯過生命中重要的事。

三、存在的價值——志業

訂定生涯目標，除了關注基本生存需求、生活品質外，還要考慮生命存在的意義，包括超脫個人、為別人而努力。例如加入寄養家庭的行列，將親情及於需要家庭溫暖的孩子。報載（余佳穎，2013）林女士一家人成為寄養家庭十二年，照顧過十四個孩子。從三個月大的小嬰兒到國中生都有，還有孩子一住就是五年。雖是無給職更需二十四小時待命，但林女士表示只要有體力就會繼續做下去。

被譽為「臺灣史懷哲」的徐超斌醫師，在臺東縣最南端的達仁鄉衛生所服務十多年了。他是達仁鄉排灣族人，七歲那年二妹生病，卻因醫院太遠延誤治療而失去寶貴生命。他立誓：「將來我一定要當醫生，就不會有人在送醫途中枉死。」

臺北醫學院醫科畢業後（1997 年），徐超斌進入臺南奇美醫院急診部擔任住院醫師，二〇〇〇年底升為主治醫師，創下該院紀錄。公費生的徐超斌知道達仁鄉衛生所徵求醫師，決定回鄉服務（2002 年）。雖然衛生所破舊不堪，空間狹窄擁擠，而且薪水只有奇美醫院的四分之一，也未曾動搖他的意志。

達仁鄉的面積與臺北市一樣，但四千多位鄉民的健康與醫療只靠一個衛生所和徐超斌醫師。他每周加開三天夜間門診，周六、日二十四小時輪值，每月工作超過四百小時。去部落巡迴醫療都自己開車，每周車程剛好環臺一周，同業及朋友直呼：「超人！」但三十九歲的某一天，他在大武急救站值班至凌晨因體力不支導致腦中風，左邊手腳失去行動能力。兩個月後病情穩定立即出院繼續看門診，並且以「一手一腳」開車巡迴醫療。

從臺東馬偕醫院到屏東枋寮醫院共一百十七公里，是臺灣唯一沒有醫院的路段，也是最偏遠、貧窮的地區。徐超斌為了興建「南迴醫院」而設立「南迴方舟基金會」（徐超斌，2009 年），並到處奔走演講，預計三年籌足一億五千萬元。他在各部落陸續成立「方舟教室」，提供當地隔代教養的孩子課後輔導與點心，二〇一三年獲「吳尊賢愛心獎」。

也是臺北醫學院醫學系畢業的宋睿祥，二〇〇四年加入「無國界醫生組織」（簡稱 MSF，此組織於 1999 年獲頒諾貝爾和平獎），受訓後首站到賴比瑞亞沒水、沒電的 Zwedru 地區，方圓三百公里內僅一家醫院，宋睿祥則是唯一的醫師。參與 MSF 期間，臺灣的同學都已擔任主治醫師，但他一點也不後悔。他覺得人生應該過得不一樣，他想擺脫普遍的社會價值——當名醫、擁有高社經地位。他說：「賴比瑞亞十個月的行醫經驗，讓我觸碰到另一個不同的生命課題，是關於將焦點放在外頭，『為別人而活』。」（2005 年，頁 211）

二〇〇九年他再度出任務去葉門，當地遭逢內戰，醫院就在火線上，傷患只能躺在地墊上，惡臭的傷口布滿蒼蠅，病人只求生死關頭時有人能安住他們的心。「我慢慢了解，為別人貢獻，不是要改變別人。……若是這一切看似無望，我們是否還需要繼續服務與貢獻呢？答案依然是肯定的，因為只有在為別人付出的同時，我們才能看見自己的渺小，也才能謙卑地面對眼前苦難的生命。」（2010 年，頁 235）

筆者在二〇一三年也做了一件很有意義的事，為公益而寫作，出版了《國境之南榮——愛．教育．奇蹟》一書，描述屏東縣崁頂鄉南榮國中成立五十年的教育奇蹟。這是一所「私人興學、公校收費」的「代用國中」，由原任屏東女中的教師陳耀火先生所創。數十年來培養無數菁英，改變許多偏鄉孩子的命運。

現任南榮國中董事會執行長的陳純適，三十二歲由父親手中接下校長職務，承擔無比沉重的壓力與挑戰。我問：「當時是否有過掙扎？」純適答得很快：

> 基本上沒有！因為知道父命難違，同時實在感受到父親的擔子非常沉重，需要協助。總之就是得天父恩典，順家父心願，憐偏鄉學子（願能舉重若輕），嚮往焚而不毀。

好個「焚而不毀」，她不怕烈火焚燒才能完成使命。二〇〇三年，純適獲中華民國私校協會頒發最高榮譽——傑出「弘道獎」。我與純適同年，真羨慕她在三十歲左右就能找到自己的天職與志業。

〈案例討論〉

一、案例：

一定要有志業嗎？平平凡凡過一生有什麼不好？一定要活得那麼轟轟烈烈嗎？你的想法如何？並與週遭的人請教與分享。

二、討論分享：

本章貼心叮嚀——你該開始的「時間管理」練習

＊不要執著於一定要讀頂尖大學，而應努力達到自己的頂尖。

* 要升學或就業，還是得好好衡量自己的狀況再做決定。
* 靠著自學與敢講，也可練出不錯的英文能力。
* 刪掉自己做得比較不好的項目，剩下的就可以「嘗試」及「再試一下」。
* 就業時，想法要從「我要一份什麼樣的工作」轉成「我要歷練什麼」。
* 不要將自己的天職限定在某個職業上，應保持彈性，如此才能接納變動。
* 要接納自己的殘缺，珍惜自己擁有的，只跟自己比較。
* 有了「明確」的目標，還得有具體的「行動計畫」及執行。
* 生涯目標不是給別人看或自我安慰，而是要自我定位與修正人生方向。
* 有了確切目標才不會忐忑，造成「那些年錯過……」的遺憾。
* 要考慮生命存在的意義，包括超脫個人、為別人的生存而努力。

我的創意與實驗——試試看！為自己「量身訂做」的「時間管理術」

1.

2.

3.

第3章

快慢之間——放慢腳步，享受當下

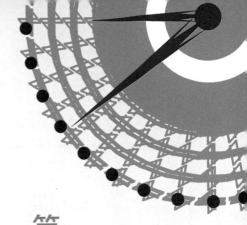

事好多若不趕快
做完的話……
啊!?
（滑倒）
這麼趕
品質也不會好的……

〈生命轉彎處〉

忙碌真的比較好嗎？為什麼許多人忙得不開心甚至生了大病？為什麼要忙碌？是怕寂寞想用忙碌填滿時間，以為如此就不會感到空虛？可惜，寂寞並未因此消失，反而在稍微不忙時「大舉進攻」。或是虛榮心而想讓自己傑出以免被人看輕？但「惡性循環」之下，卻變得更加忙碌及盲目，一刻不敢停歇，不知為誰辛苦為誰忙？

這些付出值得嗎？當身體無法負荷時該怎麼辦？

想要過得充實卻從容、時時保持笑容與活力，真有這麼難嗎？

我以自己被迫學習「放慢腳步」的生命體驗，提供大家腦力激盪、舉一反三。

二〇一二年八月八日早上八點多，我騎著腳踏車往離家不遠的考試院閱卷。平常我開車，但因前一天開車去中橫谷關演講時車子拋錨了，無車可用的我才「神勇地」跨上鐵騎。

不料，在一個十字路口為閃避一輛右轉的轎車，我緊急煞車後竟從腳踏車上重重摔了下來。路旁一位帥哥立即上前關切：「有沒有怎麼樣？需不需要幫忙？」我直說「不用！不用！」自以為沒事地撿起散落一地的物品。但想再騎上腳踏車時，腳已不聽使喚了。

我仍不知事態嚴重，只把腳踏車停在路邊，改搭計程車去考試院。下車時已舉步維艱仍硬撐著繼續閱卷。直到左膝蓋劇烈疼痛到我無法逞強，才不得不打電話請求家人「緊急救援」。

兒子連忙開車送我去急診，照完X光片，醫生宣布左膝蓋骨折，並立刻打上長長的石膏，並要我回家躺著不動。我想到閱卷還未結束，基於責任，第二天仍拄著拐杖、坐著輪椅連續十一天每天早上八點到晚上九點的閱卷工作；中間還去政大授課以及兩場演講。期間因使用拐杖不慎，又摔倒兩次，把家人嚇壞了。

再照X光片後，醫生希望我開刀，否則就「徹底休息」（躺在床上）。我選擇不開刀，乖乖地呆在家裡，鎮日與疼痛（雖然吃了止痛藥）及懊惱（各種的不方便）「共處」。打石膏五十天的日子實在夠長，能做的只有按照醫生囑咐：「要有耐心」。此時才體會已故歌后鳳飛飛每次唱到「掌聲響起」的感受。

經過多少失敗，經過多少等待，告訴自己要忍耐。

放慢腳步的真諦——一個重生的體驗

沒有人喜歡透過骨折或其他重大事故來檢驗生活方式，或體驗生命意義，但既已發生就要虛心受教。期盼大家能以「虛擬方式」體會，不要「盲目樂觀」地以為自己永遠幸運。要做個聰明人，「以人為鏡」或借助別人的經驗來成長。經驗是非常寶貴的智慧，若能聆聽或閱讀別人的故事，一樣可達到「經一事，長一智」的效果。

一、我的懺悔

這次骨折，我應該負責；因為我把自己弄得太忙了，「不加選擇」地承接了過多的工作。如果把身體比喻為「一管牙膏」，我把自己「擠空」了還拚命再擠。儘管外表看來談笑風生，內心其實壓力很大，所以才會「出事」！檢討起來都是「虛榮心」作祟，以為做得愈多代表自己愈重要。結果像陀螺般轉個不停，只把事情勉強「做完」，卻無足夠心力把事情真正「做好」。輕忽了「蝴蝶效應」環環相扣的負面結果，後來「果然」產生嚴重問題。

出事之前，我以為自己是「超人」，可以「無上限」地做所有的事。受傷後才明白，虛妄、傲慢的習氣害了我，如《聖經》箴言：「敗壞之先，人心驕傲；尊榮以前，必有謙卑。」為了顯現自己「能幹」，我把時間塞得太滿。然而，人的時間、體力、精神都有限，怎可能做得又多、又快、又好？正確的態度應該是：不貪快、不貪多，謹慎抉擇「哪些事真正需要做」，然後「慢工出細活」、「細火慢熬」。

骨折後我被迫「停下腳步」，生涯目標與生活方式也改變了。以前短程目標（一年之內）就想完成二十個，現在減半。以前中程目標（五年之內）是求名求利，現在改為獲得家人認同、與好友相聚、陪伴需要關懷的人。以前長程目標（十年之內）是揚名國際、得大獎，現在則想完全「忘我」，從事扶助教育弱勢的志業。

我該保留更多時間與人互動，學著「快快聽、慢慢説」，不要像從前總不等別人說完就急著打斷或辯駁，怪不得容易與人起爭執。做事也要更為專心、有耐心，不再急不可待。二〇〇四年我辭掉教授專職（沒等到退休）時，就是為了「做想做的事」啊！如今想來，雖不後悔當初的決定，但我真的好好寫作、教學、演講嗎？真的重視健康、家人、朋友嗎？「骨折事件」再次提醒我「莫忘初衷」啊！

二、骨折的啟示

骨折的痛苦與行動不便雖然難受，幸賴丈夫、兒女、手足的呵護以及朋友、學生的鼓勵，這帖「愛的良方」才讓我笑得出來、熬得下去。摯友陳純適是虔誠的基督徒，她教導我這個非教徒向神宣告及懺悔；「壓傷的蘆葦，祂不折斷」（《以賽亞書》42-3），純適說：「你雖不認識神，但主耶穌一定會守護你。」當時純適忙著照料生病住院的母親，仍不忘天天打電話叮嚀我：「放慢腳步，不只是腳，也包括心。」說得真好！她的確是我的良師益友，指出我最大的缺點與盲點。我會摔倒而骨折，就是因為「趕著」去閱卷，才膽敢以腳踏車與汽車「比快」。早知道「放慢」的妙處，就不會受傷了。

這次骨折，我還學到了珍惜「現在能把握的幸福」，不能走路才知道「腳」有多重要；依此類推，不應不知足地以為平凡之事都是理所當然。一定要愛惜身體，用心享受視覺、聽覺、味覺、嗅覺、觸覺，以及靈活的雙手雙腳帶我們進入美麗的世界。

其實，生命的每一天都很燦爛，只是我們太輕忽；等到幾步樓梯都上不去時，才知道跑、跳有多麼「美妙」！攀登高山簡直就是「偉大」！「身體」對我們那麼好，我們對它的回報就是注重睡眠、運動與飲食，「多花些時間」維護與增進身體健康。

這次骨折，我也知道了「同理心」的重要；當自己體驗過「殘障」的痛苦，才能感受身心障礙或病人受難的心情，知道如何「具體」關懷與幫助他們。以前，自己真的過於冷漠、無情，很少「多幫別人想」（詞曲：李驥、演唱：林志炫）：「如果你用心幫別人想……把所有封閉和冷漠的心擺在一旁，和我們一起歡唱。」

〈**案例討論**〉

一、案例：

你週遭有親人、朋友、同事是身心障礙者或遭逢重大疾病的打擊嗎？你為他們做了什麼？或你現在想到該為他們做些什麼？並與週遭的人請教與分享。

二、討論分享：

人生大轉彎

骨折使我「暫停」幾個月，就已獲得許多啟發。何況不少人遭遇更大的病痛或災難，人生方向被迫「大轉彎」，他們的改變一定更加深刻，值得我們學習。

一、不再拼命做錯事

台灣癌症基金會推薦的好書《燦爛千陽》(2012)，書中抗癌鬥士們說：

罹癌以前，我總是認為工作最重要，不管做任何事總要盡善、盡美。……因為曾有過即將失去的恐懼，讓我得以更珍惜與家人、朋友相處的機會。(頁33)

以前的我，成日浸淫在工作往來之中，卻在罹癌之後深刻理解健康的重要性。……除了早睡早起之外，我也固定練習氣功、散步，讓自己養成運動的習慣。(頁68、69)

經過疾病的洗鍊，我不再一意追求成績亮眼，而是學會平衡學業與身心健康。絕不強求自己，讓自己保持在愉快的心情下，放鬆地學習。同時也積極參加校內外的活動與競賽……。(頁79–80)

罹癌前的生活，就像一張滿檔的行程表，還記得太太懷第一胎時，我竟然只陪她去做過兩次產檢……至此我的人生觀全面改變了，我將工作盡量授權給合夥人或下屬，家庭生活變成第一順位。（頁 91–92）

曾任蘋果（Apple）、微軟（Microsoft）與谷歌公司（Google Inc.）重要職務的李開復（二〇〇九年九月創辦創新工場），在二〇一三年九月六日證實罹患淋巴癌，全身共二十多處腫瘤，原因是生活作息不規律、長期熬夜以及壓力過大。他給員工的郵件中提醒大家要加強鍛鍊身體，不要以為年輕就可以透支健康。他承認「年輕時實在太大意，既不注意飲食又經常熬夜，而且幾乎沒有鍛鍊。」他在微博中寫著：

以往的職業生涯裡，我一直篤信「付出總有回報」的信念，所以給自己的負荷一直比較重，甚至堅持每天努力擠出三小時工作，還天真地和人比賽「誰的睡眠更少」、「誰能在凌晨及時回復郵件」，把「拼命」作為自己的一個標籤。

現在，冷靜下來反思：這種以健康為代價的堅持，不一定是對的。我們常說「要把健康放在首位」，卻在追求事業的面前，將健康拋棄。

不少人為了成功或成就感，也有類似李開復的工作態度與觀念。是否該覺悟：別再拚命工作，該改變工作方式了！應將生命重心重新調整，有足夠的時間、從容的心情維護健康、經營家庭、進修學位、從事休閒活動與度假、擔任志工……等。該做的事、想做的事，當下就去做吧！千萬不要留下遺憾！

二、應該改變的壞習慣

時間就該用在「對的地方」，所以學習時間管理的首要任務，就是革除錯誤的生活方式，如：

1. 行程排得太滿

如果不加選擇或不知如何選擇，就容易把時間塞得過滿，為了「趕場」還得靠咖啡因飲料提神或吃東西舒壓。硬撐、沒有喘息的時間，不僅體力吃不消，腦力及熱情也難以為繼。做事的當兒感覺不快樂，做完了也沒有成就感（只是做苦工或做白工）。更糟的是因思慮不周而忙中有錯，甚至犯下無法彌補、傷及無辜的大錯。

2. 拖延或堆積工作

工作愈拖延或堆積，罪惡感、焦慮感、壓力感也愈大；先樂後苦的結果，絕對得不償失、令人懊悔。即使逃避小事，最初的負面情緒很輕微；若不及時處理，一旦到了「時間懸崖」，也就是最後期限、無路可走的時候，人生道路就進入了「倒退階段」。別人向前，你卻後退，與大家的差距愈來愈遠，也會拖累團隊。

3. 休閒娛樂不足

休息是為了走更遠的路，娛樂可使身心舒暢、頭腦靈活。可惜，這個「福分」因都市化而逐漸消失。失去青山綠水與小草大樹後，人們也失去遊戲的心情。小孩子被補習班與才藝課程塞滿，除了網路遊戲或電視，沒有多少「真實」的休閒活動。所以，至少與你的寵物——魚、貓、狗好好玩玩吧，不要縮減掉舒壓的機會！

4. 愛與人比較

我們口口聲聲說「為自己而活」、「活出自己」，卻很難做到不與人比較。競爭不一定不好，「遇強則強」可以激發內在潛能。但若只為「勝出」、怕被排擠，不免變成四面楚歌、很難與人為友。日子就在「你爭我奪」，甚至「你死我活」的冷漠與敵意中，大量消耗、浪費。

5. 負面情緒太多

情緒非常耗神，尤其是負面情緒，如自卑、憤怒、怨恨、嫉妒、自責、悲觀等，會讓人不快樂、消極，而且特別容易感到疲憊。當理性無法指揮行動時，不自覺地會「花費大筆時間」策劃一些傻事。一旦想不開、放不下，所做的事只會損人不利己或自我毀滅。但，情緒是天生的本能反應，不能壓抑，只能疏導與轉念。要設法縮短負面情緒發作的時間及影響的程度，即使遇到重大事件，還是要訂出一個期限作為負面情緒的「停損點」。

6. 事必躬親及完美主義

「做太多」往往因為不放心交給別人，於是干涉別人做事甚至親自插手去做。夥伴或下屬覺得沒有參與感，索性都交給你做（以免白做）。然而個人的智慧、體力、時間都有限，要做得多就很難做得好。即使做得好，別人也不一定真心感謝或佩服你。若我們想每件事都完美，對自己的期望過高，工作與學習一定會愈來愈吃力。不僅身體崩壞，情緒也會崩潰。

〈**案例討論**〉

一、案例：

如果不需要經歷失敗或病痛「劫難」，你知道自己哪些地方應該「生命大轉彎」了嗎？並與週遭的人請教與分享。

二、討論分享：

樂活與慢活

人生值得珍惜與享受，但看你能否做「對的事」。下列是值得花時間去做的大、小事。

一、值得花時間去做的事

這次受傷使我懺悔自己不夠愛惜家人，我對老公太傲慢，對孩子說話沒耐心。這次考驗證明老公實踐了「婚姻的真諦」，也就是愛你的妻子不論她是健康的、生病的……。他每天煮魚湯給我吃，盡量準備我喜歡的三餐。兒女也非常孝順，盡心盡力地幫助我，我連喝杯水都需要他們幫忙。今後我要更常在家做飯，煮他們喜歡吃的，好好與老公、兒女一起用餐、談心。

我要花更多時間與朋友相聚，若沒有好友，當我受傷、痛苦、委屈時，向誰傾訴、撒嬌呢？我要努力成為別人的好友，讓他們有心事時可以找我訴說。

大家都希望好好吃飯、規律運動、陪伴家人、與朋友聚會、自我進修、出國旅遊、睡個好覺、獨處、讀本好書、準時上下班，這些都不是那麼困難也非奢望。只要你重新分配時間，不再「知行不一」，就能獲得。多數人嘴上說健康、家人、朋友、休閒、學習有多重要，卻沒有真正的行動。日復一日過著錯誤的生活，輕率地把重要的事「刪除」。

許多人不免短視，將時間優先分配給工作、美食，卻對父母、配偶及子女疏於關心、照顧。工作時許多人只求快點做完，卻不夠用心，包括輕率做出影響長遠的決定。休閒活動、人際交往、擔任義工，也因時間有限而「光說不練」。需要較長時間的專業研習、閱讀、深度學習，更常因「沒有足夠時間」而被排擠！

趁現在還來得及，聰明的你快快實現你的「奢望」，恢復它們應有的地位。其實你想做的事不需要太多時間，半小時至一小時內就可「小兵立大功」，如：寫日記、閱讀、寫信、吃早餐、運動、休閒活動。有些事值得花更多時間「細火慢熬」，如：與朋友聚會、家人共同出遊、度假、學習新事物、擔任志工。

1. 寫日記

每天撥十五分鐘寫日記，可以自我激勵、安定心情，可以自我檢討、設立停損點，可以自我開拓、訂定新計畫，可以自我讚賞、建立自信心。

《晨間日記的奇蹟》一書作者佐藤傳寫了十多年的日記，起初在晚上寫，卻成了反省日記，自己都覺得沒有意義而寫不下去。有一次在早上寫，發現內容竟然非常正面、積極，寫完後神清氣爽，一整天的工作情緒都很好。他說：「晨間日記可分兩部分，一是書寫過去發生事件的過去日記，另一是書寫今日應做之事及未來想執行事項的未來日記。」（郭欣怡譯，2009，頁25）

佐藤傳認為早上寫日記有五個好處：

(1)可以做好一天的準備（計畫性）。

(2)可以正確寫出昨天所發生的事情（效率性及忠實性）。

(3)冷靜思考前一天的事情，可以中立地看待事情（中立性）。

(4)對於上班族，早上是自己的時間，不會讓日記中斷（持續性）。

(5)可以將過去寶貴的經驗或回憶，運用在當天（靈活運用性）。

寫日記也可以有特定目的，如記錄自己的成功。在日本提倡「讚美日記」的手塚千砂子發現讚美日記適用於下列情境（詹慕如，2013，頁28）：喪失自信、不安、有人說自己壞話、人際關係不順利、失敗、想讓事情成功、身體狀況不佳、有氣無力、希望人生好轉。

讚美的重點可包括：內在（性格或心理反應）、行動或付出的努力（沒有結果也無所謂）、感覺或感性、想法、不再做某些不好的事、身體（五官）的功能、外表或妝扮、正面的變化（自我發現）等。（詹慕如，2013，頁 42–44）

骨折後，我因生理的痛苦、心理的力不從心，一天比一天鬱悶。當我驚覺憂鬱的殺傷力時，為了自救決定開始寫日記來掌握情緒、自我激勵。我以預定拆掉石膏的九月二十六日為準，開始寫「倒數日記」；我要「逆勢成長」，為自己創造「更燦爛的倒數二十三天」。第一天、也就是倒數第二十三天（九月三日）我寫著：

萬芳醫院骨科何主任笑著說：「癒合得不錯，再三周應可拆石膏，要多些耐心讓骨頭長好。」教育工作何嘗不是如此，要多些耐心才能讓學生回到正軌。

休息期間有一場演講仍「抱病前往」，還不錯！這些大學新生對我的「殘障」頗有同理心，也趁此機會提醒他們不要浪費寶貴的人生。

行動不便確實改變了我的思考與行動，要調整為「動」卻不要「過動」，「靜」也不能「過靜」。

我只寫這麼多，奇妙的是確實有鎮定心情的作用，使我從生命的幽谷中逐漸爬升。寫日記是與自己溝通、為自己打氣，效果真是「物超所值」。從此我天天寫，第二十三天（倒數第一天）拆了石膏後，我決定繼續寫下去。

小時候我們被父母或老師「強迫」寫日記，當時只為交差了事，並不能體會日記的奧妙。而今我「強迫」自己天天寫日記，這是自己的「選擇」。因為不想再錯過寫日記的「好處」，所以願意自我督促而養成寫日記的好習慣。

我一早起床就寫，有空時再寫。任何規格的筆記本均可，一頁可寫兩、三天；在精不在多，以免幾天沒寫補不完。我將日記的內容分為「今日開拓」及「今日心得」兩部分，前者屬於自我預言、督促與振奮，是指相信今天會發生的好事、今天預定或提前完成之事，以及今天已發生的好事。

每次談到「預言」，一般人都會想到《祕密》（謝明憲譯、朗達．拜恩編著，2007）這本書其中的「心想事成」法則。但我認為「自我預言」不是「想」而是「信念」，是對自己的了解與鼓勵。因為知道自己一直很努力，所以好事自然會「水到渠成」。「自我督促」的重點是為了提高效率，事半功倍、提前完成；不要等到期限將至，被逼著痛苦地工作。

記錄今日已發生的好事能振奮人心，覺得自己更有力量、更加強壯。我常到各地演講，發現許多承辦人員並未「自我預言」活動會成功，並未享受辦活動的成果。活動結束時也面無表情地「默默」收攤，只感受到他們的疲倦。

「今日心得」則是一種自我對話，包含對自己正面與負面心情的抒發或處理。成功時只需淡淡喜悅，失意時也要設立「停止日」。寫日記像是一種「收心操」，只有自己才能為自己「安心」。不一定要像寫作文，「條列式」更好。如今我每天會列出十八件為自己及別人所做的好事，如：吃香焦、睡個好覺、與學生談話。

2. 給家人寫信與溝通

讀大學時我的單親爸爸每周至少寫一封信給我（多則四、五封），爸爸要求的回信像寫作業，不能「漏答」否則要「補寫」。父女倆相隔高雄與臺北兩地，我沒錢打長途電話，爸爸也無法打電話給我（宿舍沒有電話），寫信就成了父親傳達親情、盡到教養責任的最佳工具。爸爸要我每學期寒暑假將信件帶回家，爸爸竟將四年下來厚厚的一大疊信裝訂成冊，封面寫著「國立師大四年家書」，成了我最美好的感恩與回憶！看過這本「家書」的朋友，紛紛鼓勵我整理出版呢！

為了證明我是個好母親，我學爸爸的方式每周給兒女寫信。我拿兩本較大的筆記本，兒子每周二、女兒每周四各寫一封信「傳達」我對他們的關懷，或與他們討論某些事情。但不需要他們回信，為什麼？在他們國中時代，我要求務必回信，結果他們被迫「順應」或相反地「辯駁」。「順應」是為了應付我，其實「心口不一」。「辯駁」則是為了爭取自己的權益，怕我「得寸進尺」。我為了不再自尋煩惱，在他們讀大學以後，像寫「周記」一樣，每周寫一封信給他們，已寫三年。

寫信給兒女約需三十分鐘，但好處很多，如：可以冷靜地親子溝通，避免說氣話而直接衝突。子女看信時也較冷靜，能思考母親的建議、反省自己的缺點或盲點。兒子服兵役後我仍繼續寫，他一個月從高雄放假回家一次，所以可看四、五封。我也給老公寫信，但只在重要的事需要溝通時。

寫信給家人雖然花時間，但「深思熟慮」之下，較能正確傳遞心意。而今通訊發達，智慧型手機、簡訊、即時通、臉書等社群網站隨時溝通，結果反因

「脫口而出」、「口不擇言」，傷害了人際關係與別人的尊嚴與心情。

3. 吃早餐、慢慢進食、與家人共餐

能與家人「從容」共進早餐，是件幸福的事。若家人起床或出門時間不一，獨自一人也可以好好享用早餐。早上至少留一個小時吃早餐、看報紙及上大號，為了每天都如此，就要早起且固定起床的時間，才有充裕時間慢慢吃早餐，展開美好的一天。我目前可做到早上六點左右起床，希望能再早一些。

午、晚餐也一樣，應多與家人共餐，在家中做飯更好。而且要「慢食」，一邊吃飯一邊交流一天的活動與心情。

4. 家庭時間

珍惜家人的感情與支持，多與家人談話、用餐（以及買菜、做菜、包餃子），還要一起運動、散步、出遊（包含出國）、慶生、參與家人的活動（如：子女的校慶及校運，工作單位舉辦的餐會及旅行等）。家人間有共同的嗜好與學習，會有更多的話題。

家庭時間要充足與從容，不只是吃頓飯，最好能一起從事戶外活動，如回鄉探親、登山、露營、自助旅行。十五年前在女兒幼稚園的許家秀園長鼓勵之下，我們全家第一次出國旅遊前往遙遠的南非開普敦，住在許園長移民後的新住所。從此我們年年出國旅遊，勇闖世界各個角落，如：俄羅斯、埃及、東歐、西歐、加拿大、美國、秘魯。尤其是自助旅行，家人都非常喜歡這種知識之旅，彼此的相處與交流更多。每次旅遊我們至少有十天的親密時間，家人感情也更好。

5. 與朋友聚會

我們常疏忽朋友，以為一旦建立交情，就會永久持續下去。真相卻是，若一段時間未連繫，關係將逐漸「疏離」終至「瓦解」。對朋友要付出時間，包括打電話關懷與聊天。知道他有困難，更要主動探望與協助。要維持友誼，最好是兩三個月定期聚會與餐敘一次，最長也不要超過一年。有機會到外地時，應儘量去探望朋友。

6. 與學生或演講時的聽眾談話

以我目前的工作來說，需要多留時間給學生及演講時的聽眾交談。因為，「師者，所以傳道、授業、解惑。」現代社會的挑戰及複雜度使學生要花更多心力適應，困惑也更多，需要老師給予「感性的同理」及「理性的建議」。我在課前或課後與學生談話的時間長達一兩個小時，畢業後的學生則到家裡聊天。學生說：「老師，你有一種魔力，讓人想跟你說話。」我視此為至高無上的讚美。

專題演講亦然，公開演講後私下問答的時間也不少。我常告訴演講的主辦單位演講需要三個小時，因為要留時間給聽眾解決個人疑惑。主辦單位常堅稱，他們辦活動向來只有兩小時（大概怕「圖利」我太多演講費吧）。沒關係！我還是樂於用自己的時間與聽眾互動。

7. 系統的進修與學習

閱讀與看影片是較輕鬆的進修方式，每天仍需要一兩個小時。若是系統地進修學分、學位，就需要更多時間。將閱讀養成習慣，其實並不困難。只要善用圖書館，不間斷地借書（還書時一定接著再借），一個月讀三十本書並不是夢。不論是自主學習或職場安排的在職進修，都要以同樣歡欣鼓舞的心情接受；因為，即使是「被迫」的研習，「既來之，則安之」，一定會有一般人所說的：「一場演講只要有一句話對自己有幫助，就值得啦！」

若想為自己圓夢，則可進修較高的學位或學習特殊才藝。一定要好好呵護這份夢想，激勵自己堅持下去，勇敢的自我突破。這需要好好安排時間，甚至改變工作與生活方式。不少大學鼓勵學生到國外姐妹校當交換生一學期至一學年，就是很不錯的選項。

8. 充分從事休閒與嗜好活動

不論唱歌、舞蹈、樂器演奏、園藝、養魚（或其他寵物）、繪畫、縫紉、蒐藏、家庭布置（含庭院）……，若有一兩項嗜好，生活將增添許多樂趣。休閒活動可維持正向、穩定的心情，使壓力得到抒發，不會陷入負面情緒或精神緊繃之中。腦力也可得到喘息，休閒活動後會更有創意與靈感。休閒也可以是運動，如打太極、瑜伽、爬山、路跑、騎自行車、當背包客等，使全身筋骨得以舒展。休閒嗜好的「投資報酬率」很高，雖然要花些金錢購買裝備，但其效果絕對「物超所值」。要多多嘗試，一定會樂在其中。

9. 擔任志工、發展志業

擔任志工是任何年齡都可從事的快樂志業，年輕人可因此培養同理心及社會責任感，年長者則可回饋社會及活化身心。共同的好處是擴大視野，儲存生命能量。

南非前總統納爾遜・曼德拉於一九六四年被囚禁，二十七年後（1990年）重獲自由。他帶領南非結束種族隔離制度，一九九三年獲得諾貝爾和平獎，一九九四年成為南非首位黑人總統。一九九九年任滿後，他並沒有尋求連任，轉而投身慈善事業，設立曼德拉基金會協助農村兒童受教育及改善愛滋病問題。二〇〇七年創設「長者」(The Elders)組織，邀請世界重要人士提供意見，解決世界上最困難與複雜的問題。二〇〇九年聯合國通過決議，將七月十八日曼德拉的生日定為「曼德拉國際日」，以表彰其「為和平及自由所作出的貢獻」。

有人問曼德拉他希望世人如何紀念自己，他回答：「我希望我的墓碑上寫著：『埋葬在這裡的，是已經盡了自己職責的人』。」他還說：「如果安於現狀，生命就會失去應有的熱情。」

10. 享受工作

我目前的工作是寫作、教學、演講、公益活動，這是我的選擇、我的最愛。要享受寫作，就得天天筆耕；要享受教學，就得好好備課；要享受演講，就得多多為聽眾著想。要從事公益，就得大方、大膽。我的工作幾乎與我的生活、生命完全結合，我必須時刻感受到我的讀者、學生、聽眾及弱勢學生的需求。我希望自己有更多能量可以教導與奉獻給他們，所以我要維持自己的快樂指數，才有能力散播關懷與希望。

二、足夠的「喘息時間」與「預備時間」

「喘息時間」不只在每天，每周、每季、每年也都需要。每天要有幾段從容或悠閒時間，用來進餐、運動、獨處、與至親好友談心……。每周要有幾段輕鬆、無壓力的時間，像「鬆緊帶」一樣讓自己放鬆與喘息。每月、每季、每年要有幾日至十幾日的休假或不工作時間，以完全修復身心。

「預備時間」是指「行前準備」，為了下一周、下個月、下半年、下一年等提前準備。「凡事豫則立，不豫則廢。」有了充分準備，才有自信發揮所長。

周休二日兼具喘息時間與預備時間雙重用途。喘息的功能類似「驛站」，可讓人停下來修補與校正先前的工作。周休二日除了休閒，也可準備下周的活動（包括生理及心理）。周休二日的功能與具體安排如下：

1. 有較充裕的時間從事休閒娛樂：至少一天時間可好好放下工作、盡情玩樂，較耗費體力的休閒活動放在周六較好。
2. 將本周之內尚未做完的事情補完。
3. 將下周或下個月要做的事提前先做。
4. 思考及解決較複雜的問題。
5. 是最佳的家人時間、家務時間（清潔衣物、打掃整理）。

尤其是周日晚上，即要進入下周工作或學習的預備階段，包括心情、生活作息（早點睡）、準備明天的衣物等。

依此類推，每個月、每半年、每一年都要保留一些「預備時間」，或稱為彈性時間、空白時間，讓自己對之後的事情有充裕的時間「先行準備」。以老師來說，寒暑假就是很好的「備課」時間，千萬別誤會老師只是在休假。

〈案例討論〉

一、案例：

對你而言，最想要做、最值得花費時間去做的事情是哪些？為什麼？並與週遭的人請教與分享。

二、討論分享：

本章貼心叮嚀——你該開始的「時間管理」練習

＊敗壞之先，人心驕傲；尊榮以前，必有謙卑。

＊不貪快、不貪多，謹慎抉擇「哪些事真正需要做」，然後「慢工出細活」。

＊與人互動時，要保留更多時間，學著「快快聽、慢慢說」。
＊放慢腳步，不只是腳，也包括心。
＊「身體」對我們那麼好，我們對它最好的回報就是注重睡眠、運動與飲食。
＊即使遇到重大事件，也應訂出一個日期作為負面情緒作用的「停損點」。
＊寫日記像是一種「收心操」，因為只有自己才能為自己「安心」。
＊寫信給家人雖然較花時間，但「深思熟慮」之下較能正確傳遞心意。
＊固定較早時間起床最好，才有充裕時間慢慢吃早餐，藉此展開美好的一天。
＊休閒活動可維持正向、穩定的心情，使壓力得到抒發，不陷入負面情緒中。
＊要維持自己的快樂指數，才有能力散播關懷與希望。
＊「預備時間」是指「行前準備」，為了下一周、下個月、下半年、下一年的工作預做準備。

我的創意與實驗——試試看！為自己「量身訂做」的「時間管理術」

1.

2.

3.

第4章

我的大躍進——從「拖延」、「準時」到「提前」

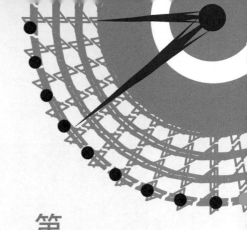

這是今天的工作喔！
上週
大前日
前日
昨日

〈生命轉彎處〉

你是否有好多事情還沒做，除了被「期限將至」催促，隱約中是否覺得有些事情被拖延，又不確定是什麼？一想到就覺得頭痛、胃痛、恐慌、不安，隨即安撫自己：「算了，別想那麼多！如果真的重要，別人自然會提醒你；不重要的事就擺在一邊吧！也許不做也不要緊！別再自我虐待了！」可是當我們「不小心」看到堆積如山、紊亂的桌面時，罪惡感又再度浮現。然而接踵而來或臨時交辦的事，仍毫不留情地一直湧入！

人性的弱點是自欺欺人、自我安慰，明知某些事「該做而未做」，仍決定「明天再做」。於是「明日復明日，明日何其多」，只能繼續自我同情、原諒、欺騙與逃避，使原本不嚴重的問題日益惡化！

以前我常因大學生不能準時上課而惱怒，「碎碎念」的結果使得準時的同學也埋怨我浪費他們的上課時間。大學生的時間觀念為何？先看看A生的例子。

A生上課常遲到，作業也遲交，甚至根本忘了要交作業。與人約會或開會也是如此，「遲到」幾乎成了他的「生活模式」或「個人標記」。麻煩的是，他不但「無感」，還覺得別人「小題大作」。依此類推，日後就業時，他應該也難以如期完工吧！

其實遲到的學生並非全都無感，不少人也天天「立志」要改掉拖拖拉拉的壞習慣。然而拖延成習後，只剩下無奈與無助。

我到各地演講時，也常為不能準時而困擾。例如學校利用晚上舉辦親職講座，原訂六點三十分開始，因為下班塞車或家長要做晚餐，常延後十幾分鐘。學校知道這個情形，為何還要訂個無法準時開始的時間呢？校方說：「任何時間都不會準時，訂得愈晚，遲到愈厲害！」

白天為老師舉辦的在職進修情況也不樂觀，能早些到場的老師不多，有時需要學校廣播：「研習活動再五分鐘就要開始了，請各位老師儘快前往視聽教室。」偶而還會說：「主講人王教授已經來了，她希望大家不要遲到。」有一次，我迢迢趕到臺灣最南端的屏東某校演講，卻須等待外出用餐的老師回來，結果遲了半小時才開始。他們「安慰」我：「吃飯比較重要！少講一些沒關係啦！」

「遲到」真的沒關係嗎？有一次我到淡水某國中演講，從新店家裡出發，預估一個半小時可以到達。但遇到早上交通尖峰時間，出門又晚了些，感覺一路的紅燈特別多。不管我怎麼焦急，仍難逃遲到的命運。我一再致歉，老師們「表面」看來不介意，但我的羞愧心已超過演講的自信心；覺得大家對時間管理不好的人，不可能「口服心服」。那場演講我十分心虛，遲到造成的負面結果真可怕！這是十多年前的事了，但從此我將「不遲到」視為最高原則，絕不犯同樣的錯誤。

若開車去不熟悉的地方演講，我會預留「迷路」及「找停車位」的彈性時間。為了「準時」，我至少提前十五分鐘到達，因為要保留從停車場走到演講會場的時間。

我邀學者專家到班上為學生演講，發現成功人士的時間觀念真的與眾不同。例如下午一點半演講，他們通常一點鐘左右就到。一般人的習慣是匆忙趕到而且稍微延後，成功者則是從從容容並且提前到達。

二〇一三年暑假，我們全家二度前往日本自助旅行，再次感動於日本的「準時」，不論火車、新幹線或公車均十分準時。有一次我們從新富士站前往岡山，先搭十六點十二分的一般快車，十七點四十三分抵達名古屋，再接十七點五十二分的新幹線往岡山。轉車時間僅有九分鐘，如果一般快車延誤一點時間，就會接不上前往岡山的新幹線。但請放心，這種事在日本不會發生。

拖延、逃避與惰性的突破

中國人的「差不多哲學」、「船到橋頭自然直」等過度樂觀，變成了「今朝有酒今朝醉」、「到時候再說」等不負責任的藉口。人性弱點本是懶散、拖延、逃避、怕煩、怕失敗、怕難、怕累……，如果不能自我約束，就會「自欺欺人」，拿一堆「冠冕堂皇」的理由掩飾與原諒自己的拖延與懶惰。

一、拖延的損失

「拖延」有兩種，一是期限到了尚未完工，需要「延後」交件。二是明知該做的事卻遲遲不行動，「無限期」地拖延，甚至不打算交件。「期限」是好事或壞事？時間未到之前，期限的壓力可能是「動力」；但愈接近期限且發現無法如期完成時，期限就成了濃濃的焦慮。要如何善用或超越「期限壓力」？如何減少拖延、如期交件甚至提前完工？如何使自己免於缺乏動力的罪惡感及無力感？

事情若不「立即處理」就可能拖延，「處理」是指先判斷要不要做，之後再思考最有效率及效果的做事方法。可以立即完成的事，不要擺著以後再做。包括下班時將桌面收拾乾淨，回到家把物品歸回原位，承諾的事情立刻記錄到備忘錄上。

複雜的事無法一次做完，要具體分成幾次或幾個工作階段，並設定最終「完成時間」（比真正的期限提前）。可惜一般人的觀念不正確，總覺得要有足夠的時間才能做事，但這一等就拖延了下來。「拖延」是時間管理的敵人，許多人明知「該做」卻一直逃避現實，以「美麗的謊言」自我催眠。

許多人躲在「舒適區」中，短暫擁抱「不真實的快樂」，結果遭受長期甩不掉的「真實痛苦」。即使多次「悔不當初」，仍然健忘，依舊過著「先樂後苦」的日子。付出的龐大代價不僅是事情未完成的名譽與實質損失，更因為沒有成就感、壓力大而形成惡性循環。一旦陷入無力感或無助感，將導致缺乏動力及自信心。

「懶惰」是人類的通病，需要「美德」與之對抗，如一勤天下無難事、勤能補拙、業精於勤荒於嬉、學海無涯勤是岸、一生之計在於勤。以「勤奮」來克制「懶惰」，使自制力與效能感形成良性循環。

懶惰或勤奮都是一種習慣，懶惰使人拖延、逃避、消極。這與從小父母幫我們做太多有關，以致日後四體不勤、難以獨立、無法自我負責。養成勤奮的習慣最初可能很困難，但體驗到勤奮的優點及回報後，就不會想再回到懶散的樣子。

全面失控或自我掌控的差別，最初不過是一種抉擇，要「拖延」、「準時」或是「提前」完成？大多數人「自然」地選擇拖延，少數人願努力及時完成，極少數人一開始就決定提前完成。所以，時間管理不只是技巧的應用，也是意志力的考驗及是否具有看得更遠的視野。

《慢的力量》一書作者克利絲汀．露易絲．霍本(Christine Louise Hohlbaum)說：「拖延是軟弱的拒絕，但這經常等於拒絕自己。我們為避免痛苦的經驗而拖延，同時，逃避所花的時間和精力，比工作本身需要的更多。」(林靜慧譯，2010，頁291)希臘哲學家柏拉圖說：「教育的目的在讓每個人具備『做應該做的事』的意願。」以時間管理來說，該做的事就是「即知即行」。

拖延會使壓力加大，帶來更大的災難，後果不堪設想、難以收拾。例如，想減重及運動，一日拖過一日，只有空想而沒有實踐，終致肥胖不堪或失去健康。若涉及別人或公共利益，因拖延而錯失解決問題的機會，將危及別人的權益甚至性命，後悔及遺憾會持續一輩子。

拖延的損失很大，除了影響心理品質外，還會破壞信用、形象與人際關係。因為時間管理不佳而遲到，將對友誼造成負面影響；儘管你已經道歉也跑得氣喘噓噓，但朋友還是生你的氣。因為原諒你的次數太多了，讓人不得不懷疑你的誠意，覺得你不尊重朋友。

不論是你「任性」地決定延期，或懇求別人原諒你「再次延期」；個人的能力及可信度都已受損。不論別人是否被迫接受你延期的理由，這種事都不該一再發生。尤其團隊工作因你一人拖延而連累大家，造成別人莫大的困擾，使人不想再跟你一起工作。

除了你的遲到耽誤團體的時間外，大家更擔心因你不遵守工作時限而延誤進度與成果。儘管你可以做好，別人仍因你時間管理不好而覺得你「不可靠」，不想被你「精神虐待」。無論你再誠心地道歉，這招對於工作夥伴或顧客而言通常沒效！

二、拖延的原因

要改掉拖延的壞習慣，得從珍愛自己、珍惜人生的心理層面開始。若自覺欲振乏力，無法靠一己之力對抗拖延，應儘速「正確求助」，尋求良師益友或輔導老師、心理師的建議與督促，以免下列問題愈來愈嚴重：

1. 自我高估或野心太大

有人以「興趣廣泛」、「什麼事都想嘗試」為由，拖延眼前該做的事。因為想學的事太多、時間不夠分配，自然耽誤到分內的事。因為無法專注及深入當下的工作，以致本末倒置、一事無成。

人們常「下意識地」逃避責任，卻做了太多不必要的事，徒然浪費時間與心力。為了自我安慰、去除罪惡感，往往又「寄望」於明天；以為睡一覺就會變得積極、有動力。「明天再做」的結果，除了「今天做得太少」，也會使自己因逃避而愈來愈活在「幻想」當中。

2. 容易分心及外務雜事太多

剛開始因為環境吵雜、紊亂，有惱人的心事或沉迷於網路世界而無法專心。愈以此為藉口就愈無法靜心，只會助長這種分心的狀態。又若外務、雜事太多，如跟朋友出去玩、社團活動，也使自己內心產生衝突，不知該工作抑或該玩樂。

其實工作與休閒並不相悖，但打電動、上網或看電視、看動漫占據太多時間，自然沒剩多少時間、心情與體力可以好好工作。

3. 耐心、抗壓性不足

拖延有時是因為「沒耐心」，無法徹底把事情做好。先擺一邊到萬不得已而需面對時，還是會因不耐煩而再度逃避。除了工作效率低落之外，也會因做事不仔細而留下後遺症，增加後續的麻煩。

不少人的惰性是因為不想面對壓力，剛開始是「怕難」，愈拖延就愈不相信自己的能力，最後索性自暴自棄。不僅未盡到本分，日後也不敢嘗試新事物。無法自我肯定的後果，自信與熱情均日漸低落。

接受「工作難度」的挑戰，有助於自我突破；在「時間壓力」下工作，有可能開發潛能。這兩個壓力都不算壞事，善用它們可使人成長。壓力並不能那麼清楚的好壞二分，接受它、「借力使力」，就是「優壓」；反之，討厭它，就愈形沉重，成了「劣壓」。若承受不了「急迫的期限壓力」，或一直停留在「暖身」階段，終將蹉跎光陰、一事無成。

4. 拖拖拉拉、動作很慢

可能是做事沒有計畫，不能將同類事情合併處理，或因重複動作太多，耗費許多不必要的時間。

可能是專注力不足，以致記憶力似乎變差，丟三落四、反應慢半拍。

可能未預做準備，臨時慌張地東抓西找，所以思慮不周、忘東忘西。

可能是「組織」能力不足，不擅於工作計畫及有效統整。

這些都會擔誤進度，使別人必須催促你。

其他拖延的藉口還很多，如玩心太重、動力不足、不喜歡做某些事、持續力不足、擋不住瞌睡蟲大舉入侵……唉！真是「成功者找方法、失敗者找藉口」！

還有一種拖延狀況亦頗值得同情，但更需專業的具體協助，即憂鬱症或過動症等身心障礙。憂鬱症發作時，心情低落、提不起勁，覺得自己沒有價值，即使原本有興趣的事也不想做。不想出門、不願與人接觸，自然會影響學業或工作。此時一味「強迫」他站起來、走出去，只會讓他更加畏懼與退縮。但除了支持、關懷與陪伴之外，還要尋求心理專業的協助，鼓勵他做出較佳的抉擇與行動。

「過動症」患者無法集中注意力，易受外界影響而分心，難以順利完成課業與工作。幼兒或國小階段的孩子若動個不停，無法專心及持續做某些事情，即應趁早帶去醫院鑑定，以免狀況惡化而影響日後的課業與就業。如功課及考卷寫不完、工作速度太慢，或持續力不足而經常換工作等。

三、「不拖延」的訣竅

「人非聖賢，孰能無過」，拖延並不是那麼不可原諒。「放下屠刀，立地成佛」，說來簡單卻非立刻就能做到。所以，要建立「不拖延」的好習慣，可先容許自己有彌補與修正的機會。在拖延的狀況還不嚴重時，趕快面對它、做完它；之後再求「不拖延」，甚至提前完成。

從前我對學生的作業是「逾期不收」，但教育工作就是幫助學生從「不成熟」到「成熟」，所以還是會給學生補交的機會。我會當面及多次催收作業，希望他不要放棄自己，這樣做的效果還不錯。其他「不拖延」的訣竅還有：

1.不讓 E-mail 放過夜、不堆積文件

趨勢專家大前研一在《再啟動——職場絕對生存手冊》一書中提到，擠出時間的訣竅之一是「不讓 E-mail 放過夜，也就是即刻處理眼前的事，絕不拖延決定的時間。」（陳光棻、王俞惠譯，2009，頁 57）大前研一利用白天時間處理當天 E-mail 中應完成的工作，遇到重要問題立即撥電話給對方尋求解決。所以工作停留在他手邊的時間，再長不過幾個小時。

我自己也養成每日「清空 E-mail」的習慣，不僅能減輕心理壓力，也覺得自己很有能量與成就感，大家常對我回覆 E-mail 的高效率感到驚喜。我沒有大前研一那麼忙，所以不但可清空今天的工作，還可擴及一、兩個月後的工作（如寄出應邀演講所需的大綱檔案）。

2. 弱化「不想做」的念頭，強化「想做」的念頭

水口和彥的著作《用3小時完成一天的事》（楊明綺譯，2011，頁156–157）提到做事拖拖拉拉是因為徘徊在「想做」及「（現在）不想做」兩個念頭之間，所以要使「想做」的念頭強一點，「不想做」的念頭弱一點，便能迫使自己「儘早開始行動」。並且要「化繁為簡」，把龐雜的工作分解開來，例如原本十天期限的工作，改為以一天為單位，分成十份來做。加強「今天就做到這裡」的念頭，固定完成每天的份量。

3. 訂定小目標，只做一點點也能找回自信與動力

情願只做一點點，也要開始動手做。這不但比較容易做到，也可以舒壓。一直拖著不做，只會愈來愈害怕面對工作，然後陷入「過度自責」與「繼續逃避」的漩渦中。試著從給自己「小任務」做起，建立「小信心」。趁著心裡還有一絲「罪惡感」時告訴自己：「做個五分鐘吧！」把計時器定在五分鐘，然後自我激勵：「有個交代就好！忍一忍，五分鐘很快就過去了。」謝天謝地！五分鐘的確在可忍耐的範圍內，當你覺得該有五分鐘時，「時間到」的鈴聲果然響起。於是，你有了「小信心」，覺得五分鐘不難。打鐵趁熱！接著設

定六分鐘，只增加一分鐘而已，測試自己的能耐。就這樣，一分鐘、一分鐘地慢慢增加，漸漸的你會「引以自豪」，覺得自己「真的挺不錯」的。

4.面對工作瓶頸或「僵局」時，不要停下來

林懷民(2013)說：「每次創作都會碰到僵局，我唯一能做的，只有工作、工作、工作。」也就是說：「不能停下，停下只會提供更多焦慮的時間。」即使做不下去，林懷民也不停止，他會開始檢討，從一堆似乎是垃圾的東西中，找到值得發展的材料；若因乾著急而導致失眠，只會得不償失、惡性循環。

怪不得林懷民能成功，關鍵不全是憑藉天分，而是遇到困境時仍「不會停下」。不管做得好不好，都要繼續做下去，如此才能突破與提升。

5.不加班

日本「未來工業」創辦人山田昭男對下屬有套「不管」哲學，也就是：不加班、不打卡、不開會，也不用向主管報告。但公司成立四十七年來，卻年年獲利。未來工業的員工每天工作時間七小時十五分鐘，上午八點半至下午四點四十五分，中午休息一小時。因為「禁止加班」，所以員工會在有限時間內，盡力找出最有效率的工作方式；沒時間摸魚偷懶或無謂地拖延工作（李筑音，2013，頁151）。

大家都不喜歡「晚下班」，但因上司沒下班或上司說做完才能下班（所謂「責任制」），以致不得不加班！但，加班全都是上司的要求嗎？其他原因還包括：「期限」內要完成的工作太多、自我要求完美、同事不能配合、要在安靜的環境中才能專心工作、因生病或疲勞以致效率不彰⋯⋯。

以「要在安靜的環境才能專心工作」這項因素來說，有些人只好等到下班、辦公室安靜之後，自己一人留下來加班。這樣的損失是：晚上的時間變少、影響家人及自己的生活作息；以及回到家已經太晚，無法利用晚上時間進修、運動、休息、與家人互動等。

較好的做法應是：找噪音較小的地方工作、學習與噪音和平相處、減少辦公室噪音（如：輕聲細語）、設定辦公室「安靜時段」、提高自己的專注力等。也可改為提早一小時進辦公室，這是另一種類型的「加班」，而且效果反而更好。

〈案例討論〉

一、案例：

你經常加班或熬夜趕工嗎？你覺得真正的原因是什麼？真的無能為力改變嗎？並與週遭的人請教與分享。

二、討論分享：

準時的意義與價值

誰都不喜歡枯等別人，也不喜歡心焦如焚地趕路，但，準時真有這麼難嗎？其實，它正是你成功時間管理的指標。

一、為何不能準時？

上課、交作業、與人約會、開會……，為何不能準時？基本上是因為沒有時間觀念、不擅於管理時間、輕忽時間計畫的技巧與價值。以時間推算來說，若開車從甲地到乙地，如何能不遲到？可採「時間倒推法」來練習：

1. 上午九點：與人約定之時間。
2. 上午八點五十分：應到達之時間（至少提前十分鐘）。
3. 上午八點四十分：應找到停車位的時間（停車到約會地點，預留十分鐘路程）。
4. 上午七點五十分：應出發之時間（若兩地相隔車程為三十分鐘，至少預留二十分鐘可能塞車或迷路。若當地是第一次去，還要多留十分鐘緩衝時間）。
5. 上午六點五十分：最遲起床時間，加上漱洗、更衣、吃早餐等，都有點趕了。

若能更早起床，就能禁得起任何考驗，不論到哪裡都不怕遲到。可惜的是，早上起不來（賴床）是不少人的致命傷（尤其是十八—三十歲的年輕人）；大都是因為熬夜、睡眠不足的關係。

二、準時的好處與收穫

日本的公車、火車十分準時，每一站都能依時刻表進站，很少誤點。偏遠地區車班較少，若不準時就會浪費許多等車時間，或因搭不到車而須改變行程。但在日本，這些都不用擔心。

日本飯店的用餐時間，神社及商店的開門與結束時間，都非常準時；使遊客容易安排旅遊行程，不必擔心浪費時間。總之，準時給人專業、尊重、有秩序、守法的感覺，是值得遵循的法則。

「喬山」在健身器材業界屬於亞洲第一、全球第三，員工超過四千人，利潤成長率超過30%。創辦人羅崑泉的管理哲學是：「管理產生紀律，紀律才有效率，沒有效率公司就會倒閉。」具體的做法是：「設定標準、徹底執行、立即獎懲」。每一位喬山員工的生產績效都一清二楚，薪資、獎金與紅利以此為基礎。喬山的海外分公司都有自己的營運目標，並且自負盈虧。

只有「生意人」才需要注重紀律與效率嗎？曾獲國際暢銷書排行榜第一名的《和尚賣了法拉利》一書的作者羅賓・夏瑪(Robin Sharma)說（鄭煥昇、

蜜蠍兒譯，2010）：「紀律讓你能夠去做知道該做卻總是懶得去做的事，沒有了自律，你就不會訂下明確目標、不會善用時間。」

「做自己」和「做生意」的道理一樣，對自己的紀律是「自律」。許多人不快樂、不知道自己的價值，就是因為不懂得愛自己，因而自我鬆懈（甚至是自我墮落）。若真正愛自己，就不會放縱自己，而能及早訂下目標、善用時間。如羅賓・夏瑪 (2010) 說：「對自己嚴格要求，才是真正的自愛。」

善用時間不僅是完成「該做的事」，還要挪出時間、創造時間做「想做及有意義的事」。時間不論長短都有價值，端看如何利用。對於該做或想做的事，永遠不會「沒時間」，只是須學習如何分配時間。時間多或少是主觀的感受，善用時間則「無亦有，少亦多」，浪費時間則「有亦無，多亦少」。

三、準時的保單——提前開始與提前完成

不論做任何事，若能提前開始與提前完成，時間就能掌握在自己手裡。上課、開會、赴約或搭車，提前出發就能從容不迫且提前到達，不用擔心「來不及」。讀書、工作、實現夢想亦然，提前開始就可「慢工出細活」，有更多

時間規劃及改進，以免壓縮到最後，容易過勞而崩潰。

以上班來說，提早一小時進辦公室，情況有何不同？《Cheers雜誌》二○一三年八月號專題──成功者的每天關鍵一小時，不少企業負責人就因「提早一小時進辦公室」而成就大事業。如世紀奧美顧問公關副總經理張裕昌，比同事早一小時進辦公室。在路上即大致想好今天工作的重點，到了真正上班的時間，他已做完好幾件事，而且「效率超級無敵好」。等同事到辦公室，就可進入一連串的會議與溝通。

味全休閒事業部部長唐瑋澤、特力集團執行長童至祥等，也都是「提早一小時進辦公室」的實踐者，可從容地為一天的工作做好準備。

嚴長壽在他的第一份工作──擔任傳達室小弟時就發現：提早一小時進辦公室是成功的祕密。嚴長壽說（1997，頁9）：「大部分的人都是上班前匆忙趕到，處於無計畫狀態，被動忙碌而毫無自我。」所以嚴長壽決定要比所有人早一小時到公司，不但為自己的工作預做準備，如工作的次序與路線，對辦公室可能或正在發生的事情進行了解。也幫忙其他同事的工作預做安排，如將來信或來電訊息放在同事的桌上。這樣做可以「化匆忙為從容」，不論在工作或心情上都更有自信，工作的績效、個人的能力與良好態度都會被別人看見。到了適當的時機，上司當然會重用你，你也會比別人晉升得更快。

〈案例討論〉

一、案例：

你是個準時的人嗎？你何時學會準時？為什麼？並與週遭的人請教與分享。

二、討論分享：

時間掌握在自己手裡

許多人習慣拖到「時限」將至，才開始做事；本來可以慢慢做，愈到後面因時間愈少而壓力愈大，結果當然不妙。舉一個例子，我問學生：「若承辦一場研習活動，多久以前應再次與主講教授聯絡(double check)？」

A.兩周以前。
B.一周以前。
C.三天以前。
D.一天以前。
E.當天演講之前。

以我被邀約演講的經驗來說，採C、D、E做法者較多，A、B較少，還有不少人根本不聯絡(只好我主動跟他聯繫)。採A、B做法者很貼心，使大家都有緩衝時間。採C、D、E做法者很折磨人，其實也折磨了自己，尤其是時間很緊急又連絡不到對方時。我常遇到前一天晚上仍未與我聯絡者，日後為了不讓自己擔憂、胃痛，只好設法先找到他。

為什麼要再次聯絡？我有幾次到了研習場所卻被「放鴿子」的經驗，因研習取消或延期卻忘了告訴主講人。為避免類似的痛苦教訓，我改由自己主導，早些與對方再次確認。

以前，父母師長常說：「小考小玩，大考大玩，不考不玩。」是勉勵我們掌握讀書進度，將考試的準備分散在平時，這樣不僅壓力較小，成果也更好。我們都希望時間能掌握在自己手裡，方法其實不難，難在化為實踐。

一、自己決定與規劃工作進度

人們多半抱怨「身不由己」，是因為他們「被動」地跟著工作期限跑，或被工作期限追著跑；放棄由自己決定與規劃工作進度的「權力」。許多主管發現下屬加班的表面理由都是：期限內要完成的事情太多，真的忙翻了。事實卻是：未提前做好工作規劃及早點開始進行，所以不得不拼命趕進度。

學生準備期末考與交作業亦然，平時不做，就只能擠在期末一兩周內熬夜趕報告。其實正確的態度及做法是：

1. 提前備戰

若能平時如戰時，戰時就如平時。拉長戰線，提早操兵；「養兵千日，用在一時」，工作及求學也一樣。因為有充裕的時間醞釀與修改，才能享受成果。

2. 趁著還不緊急的時候做事

一般人做事的壞習慣是：先做眼前「急迫卻不重要」的事，結果自欺欺人，一直逃避「不緊急卻重要」的事。拖到最後，所有事情都變成緊急，弄得自己壓力很大卻績效不彰。所以一定要改變，趁著還不緊急的時候做事，緊急的事才會愈來愈少。

3. 比別人預料的提早完成

若能養成「提早完成」的習慣，不僅決斷力及做事速度會變快（因為想「速戰速決」）；而且別人讚美你真有效率時，不僅獲得別人的好感，也增加自我效能與成就感。

二、創造比別人更多的時間

1.早起、珍惜光陰

「早起」是最能創造時間的方法，當別人還在蒙頭大睡時，你早起一、兩個小時，就比別人多出那些時間。依此類推，看到別人隨意浪費時間，都要自我警惕。如同惜物，我們也要惜時。物品可以儲存及購買，但時間一去不復返，再多的財富也換不回、買不到。

2.設定「固定時間」

設定一些「固定時間」用以運動、參加課程、擔任志工、閱讀、訪友等，相較於一般人「挪不出時間」，若能養成固定時間做某些事的習慣，就比別人「多出」那些時間。所以，不是沒有時間，而是未能將想做的事養成固定去做的習慣。

3.不斷思考與修正時間運用的方式

為了提高效率，要多嘗試各種時間運用的方式。即使效率已經很高，仍可精益求精。為了創造更多時間，也可微調一下做法，要相信「下一個時間運用方式，也許會更好。」

〈案例討論〉

一、案例：

你覺得自己的時間比別人多嗎？你運用了哪些方式創造時間？並與週遭的人請教與分享。

二、討論分享：

本章貼心叮嚀——你該開始的「時間管理」練習

*先判斷要不要做，再思考如何做才最有效率及效果。

*複雜的事不應也無法一次做完，要具體分成幾次或幾個工作階段。

*體驗到勤奮的優點及回報後，就不想再回到懶散的樣子。

*「明天再做」，除了「今天做得太少」，也會因逃避而活在「幻想」當中。

*「禁止加班」，才會在有限時間內，盡力找出最有效率的工作方式。

*對於該做或想做的事，永遠不會「沒時間」。

*對自己嚴格要求，才是真正的自愛。

*善用時間「無亦有，少亦多」，浪費時間「有亦無，多亦少」。

*趁著還不緊急的時候做事，緊急的事也會變得愈來愈少。

*「早起」最能創造時間，當別人還在蒙頭大睡，你就比別人多出時間。

*為了創造更多時間，要相信「下一個時間運用方式，也許會更好。」

我的創意與實驗——試試看！為自己「量身訂做」的「時間管理術」

1.

2.

3.

第5章

「兼顧」的必須與訣竅

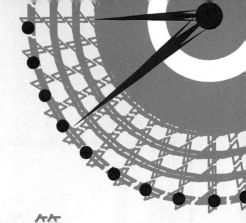

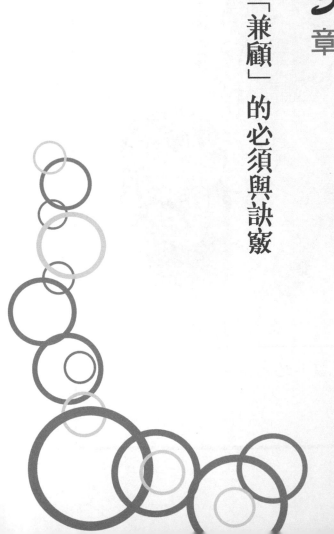

爸爸下班後也沒辦法陪我嗎......
不是的！等我工作完後一定......
對啊！
朋友聚餐也都無法參加
工作狂！
時間無法兼顧下必遭受各種抱怨.....

〈生命轉彎處〉

你是否覺得每天忙得不可開交，心中充滿無奈與怨氣。要做的事實在太多又不能不做！但，時間就是不夠！雖然告訴自己不該「遷怒」到無辜者身上，但鬱悶的情緒仍像顆氣球般愈脹愈大，隨時可能爆炸。

忙碌時似乎特別容易生病，咳嗽、頭痛、睡不好，吃了強效藥又會頭暈、全身無力、手抖。壓力還會產生皮膚問題，如長青春痘；自律神經系統也會失調，如暈眩、頭痛、胸痛、手腳出汗、呼吸困難、發冷、反胃噁心、想吐、腸胃不適、厭食、頸肩背肌肉緊繃或酸痛、心悸、血壓升高等。真糟糕！沒有健康的身體及開朗的心情，做什麼事都力不從心！

乾著急也沒用，只會使壓力擴大，身體更容易出狀況。還是得冷靜、安定下來，看清楚「路要怎麼走」，有沒有其他更好的道路？

我讀博士班時，長子鈞豪兩歲半。我要兼顧學業（尤其是撰寫博士論文）與照顧幼兒，確實不太容易，婆婆也從臺南到臺北來協助我。但她希望我以孩子為重，考慮暫停學業。先生是職業軍人，無法分擔照顧孩子的責任，只能每周從高雄回臺北一次。我與先生溝通，讓他「了解」我為什麼不願意放棄夢想，並請他幫我向婆婆爭取。

溝通及協調的結果是，我利用白天時間讀書及兼職工作，晚上專心照顧孩子、料理家務。為了充分利用白天的時間，在有限時間內有效率地撰寫博士論文，我得做最好的時間管理。在此特別感謝我的論文指導教授——賈馥茗教授、黃光雄教授，若沒有他們的大力協助，僅憑我一人之力是不可能完成的。

兒子兩歲半之前，在臺南與公婆同住，我一人在臺北讀碩士班。我讀博士班時把兒子接回來，發現他因為爺爺奶奶的寵愛而過於調皮，我急於糾正卻忽略了應多留時間讓彼此調適，以致強制的改變及斥責傷了親子關係。而且，我與婆婆不一致的教養方式，也讓年幼的孩子無所適從！

當時我對兒子或婆婆的溝通技巧都不夠好，致使兒子的問題不但沒有改善，對我的反彈反而愈來愈大。我與婆婆也處不好，讓夾在中間的丈夫為難。我與兒子的衝突在他十歲、妹妹鈞怡出生後更加明顯，他老是抗議我對妹妹偏心。

有了第二個小孩，我的負擔加重，難免輕忽長子，減少對他應有的關照。甚至經常斥責他不懂事、無理取鬧。現在想來非常後悔，他還是個孩子啊！

女性婚後容易陷入工作與家庭難以兼顧的苦惱，尤其還要顧及婆媳關係時。我太年輕就「為人母」（二十四歲），沒有足夠的經驗與智慧同時處理學業、工作、子女教養、婆媳相處等諸多問題。但大人的情緒沒處理好，最容易宣洩的方式就是「欺負小孩子」。我對長子過多責備、過少支持，實在很不公平。所以在親職教育講座上，我以自身的經驗一再提醒大家不要犯同樣的錯誤。親子衝突時，要先覺察及解決大人本身的問題。若不知道該怎麼做或不確定自己做得對不對，要儘快向人請教或求助；以免只顧自己的面子而一錯再錯，弄得全盤皆輸。

兼顧與割捨

兼顧的困擾絕非職業婦女獨有，幾乎人人都想做完及做好所有「該做」及「想做」的事，卻有時間不夠分配的疑惑。該如何安排時間才能不「過勞」或亂成一團呢？尤其當發生下列狀況、時間更加緊縮時，該怎麼辦？

一、時間緊縮的原因

1.不知何事應該優先

若不懂得「判斷」事情的先後緩急，不僅會一直「焦慮」太多事情做不完，還會「遺漏」或「犧牲」重要的事，如家人關係、睡眠、運動、友誼、夢想。

2.某些事占據太多時間

以大學生來說，容易為了打工、戀愛、社團而用掉過多時間。雖然當時覺得很愉快，如打工的薪水、愛情的甜蜜、社團的革命情感，但若自己的健康、課業、人際關係因此出問題，就悔不當初了。即使還來得及補救也要花加倍時間，當難以彌補時才知得不償失！

3.網路成癮

「上網」（遊戲、社群網站、連續劇、電影……）及使用智慧型手機中Line的功能，輕易就耗掉你許多時間，甚至影響運動、睡眠及學習，使人難以專注於應完成的事物。

4. 眼前有繁重的任務需要達成

為了完成眼前的任務，於是無暇且無心於其他工作。但若不能兼顧，就會耽誤或放棄某些該做的事。而且忙完「大事」之後，堆積如山的「小事」還是會催促著你快做，於是生活一直處於忙碌當中。千萬別讓「忙」（其實是「亂」），成了工作不快樂或難以自我突破的「藉口」。

5. 浪費在不值得的事情上

時間不夠用，主要浪費在「不值得的事情」上。許多人從慘痛的教訓中才「領悟」，例如，全力付出的戀情、職業或某項工作，最後才發現這些事不值得付出。為什麼不能在一開始或未陷入太深時，及早拿出理性來看清這個事實？「時間管理」其實有不少盲點，即使我們很認真生活，若方向錯誤，到頭來還是一無所獲甚至傷痕累累，也失去了繼續邁步的勇氣。得花一段好長的時間療傷，然後再重新尋找人生目標。

二、兼顧與取捨的分辨

如何分辨哪些事情值得做或必須兼顧？哪些事情不值得做或應該割捨？

若無法兼顧或割捨，又該怎麼辦？先看看小如的案例。

小如因為難以兼顧工作、研究所課程與父親生病這三件事，以致焦頭爛額、身心失衡而在辦公室崩潰大哭。不管割捨哪一部分，小如都覺得不捨。最好的方法似乎只有犧牲自己，也就是暫時停止撰寫碩士論文。

許多人面臨這種衝突，可能也會做這樣的選擇。「犧牲小我，成全大我」，幾乎放棄自己的夢想。還好小如沒有這麼做，她向主管及指導教授求助，也與兄弟姊妹商量；結果竟然有了與原來不一樣的考量，最後都能「柳暗花明又一村」。

主管體諒小如的狀況，幫她把工作重新調配。指導教授覺得小如可以如期畢業、不必休學，並同意她延後論文繳交時間。開過家庭會議之後，兄弟姐妹也協調好了共同分攤照顧父親的時間。

小如順利完成了論文，工作表現也獲得主管認可，假日則回家陪伴父母。最後，工作、研究所課程與父親生病這三件事都能兼顧。如今，小如勉勵自己，除了時間管理之外，還要學習情緒切割及管理，並且好好照顧身體。經過這番兼顧與割捨的學習，小如的領悟是：

與個性有關吧！我想把每件事都做好，但因時間管理能力差，弄得身心俱疲。我不想一年、五年或十年後再來後悔！我想把工作做好，論文也是，人際關係也要兼顧。我還想當個好女兒、好姐姐，太多角色要兼顧了。現在我開始注意時間管理，工作和寫論文的效率都變好了；不再像從前，總被時間追著跑。我要從容不迫地面對自己的人生，不想當糟蹋生命的濫好人。還有好長一段路要走，但現在已經不會覺得漫漫長夜看不到盡頭了。

三、兼顧之必須與價值

許多人覺得分身乏術，猶如蠟燭兩頭燒。例如，職業婦女要兼顧工作與家務（含照顧幼兒），半工半讀的學生要兼顧打工及課業，職場新鮮人要兼顧眼前的工作及快速融入環境，兼差的打拼族要多打幾份工又要照顧身體，上班族要有工作績效又要繼續自我成長，創業族要衝業績還得兼顧家人關係。

大家都在哀嚎：「事情太多，時間永遠不夠用！」其實並非如此，正常進食、親密關係、身心健康才是我們成功的地基，絕對不可忽略。「兼顧」有其必要性及更高的價值，不要顧此失彼，以免兩敗俱傷。

「兼顧」剛開始會很辛苦，事後證明可以相得益彰、相輔相成。因為「兼顧」乍看是很大的壓力，其實卻是必須面對的「現實」。魚與熊掌必須「得兼」的事情頗多，如職業與家庭、公事與私事、自己與子女、事業與健康、工作與休閒、課業與打工（或社團）、愛情與友情、賺錢與夢想……。

但，兼顧不等於貪心——什麼都想要，例如，大學生如果對社團、打工、校內外活動、愛情等投入過多，就可能犧牲課業、健康、睡眠、家人、人際關係等。所以兼顧當中，還是要有所取捨。

兼顧還包括時間與空間的因素，現在做的事，要想到對未來的影響；現在做得好，即可為將來鋪路，之後遇到類似事情就會駕輕就熟。在某處做的事，要想到可應用到其他地方。某件事做得好，其他事亦可直接借用、不必重頭來過。

生命中「重要而不緊急的事」很多，要學會兼顧生活中所有面向。人生目標除了「向上衝高」（成功、績效、收入）之外，更要「橫向外延」及「向內深入」。

〈案例討論〉

一、案例：

大學生到底適不適合打工？因為打工會占據不少時間，還可能影響課業，是否得不償失？並與週遭的人請教與分享。

二、討論分享：

工作與家庭的兼顧

雙薪家庭中，女性較常擔心自己的角色扮演得不夠好。若要討好老闆，就得更投入工作；若多放心思於家庭，就無法對工作全力以赴。似乎不管怎麼做，家人及老闆都不滿意，弄得自己深感焦慮、歉疚與罪惡。

一、婦女育兒的負擔及壓力

兒福聯盟於二〇一〇年及二〇一三年的調查發現，婦女育兒的負擔及壓力有增無減。二〇一〇年「臺灣地區幼兒媽媽育兒現況調查報告」指出，有幼兒的媽媽為了餵母乳、安撫哭鬧不休的孩子、忙不完的家事……，幾乎是日以繼夜地操忙，片刻無法休息。46％的媽媽經常半夜起床照顧孩子，睡眠時間被打斷；近一成的媽媽每天睡不到五小時，27％的媽媽睡不到六小時。長期睡眠不足對媽媽的身體和精神狀況，都有不利的影響。

家有幼兒的媽媽也承受許多精神壓力，包括擔心自己照顧不了孩子、與長輩教養觀念不同、沒有自己的時間……。累積的壓力和情緒，因為沒有傾訴的對象，而可能直接宣洩在孩子身上。近85%的幼兒媽媽曾不經意地對孩子發脾氣，逾兩成的媽媽經常或總是對孩子發脾氣，五分之一的幼兒媽媽很少甚至不覺得自己是一個快樂的母親。

二〇一三年「媽媽壓力與育兒政策使用情形調查」結果發現，62%的新手媽媽在育兒過程中感到有壓力，每十位媽媽就有一位感到高度壓力，覺得難以負荷；最大的困難是「家庭經濟」和「壓力無法紓解」兩大項。媽媽們因為母職角色而犧牲很多，包括個人興趣、睡眠、和朋友的社交、身體健康，以及和配偶的感情等。儘管這麼辛苦，媽媽們仍覺得自己做得不夠好，母職的自我評分平均僅73.95分；五分之一的母親認為自己無法勝任母職。

比起職業婦女，全職媽媽得到親友的協助更少，更常覺得情緒低落，比較沒有成就感。少了一份收入的全職媽媽，面臨更大的經濟壓力。因為全天候照顧孩子，更覺得孩子很難照顧。

公私兩頭燒的職業婦女，在照顧孩子上也有極大的困擾。因為時間較無彈性，如果孩子突然生病或是發生意外需要臨時幫手時，「缺乏臨托資源」的困擾，相對就比全職媽媽高。

面對這麼多的壓力和困難，無論全職媽媽或職業婦女，都沒有足夠的外援。36%的媽媽表示，育兒過程中沒有獲得親友的支持；17%的媽媽表示，先生沒有分擔照顧幼兒的責任。有些職業婦女因為兼顧工作與子女，已經很少休息，還得撥出時間協助先生創業。我們可以看看下列案例：

我的先生經營一間小公司，我會利用工作空暇或下班、假日，幫忙記帳、付款等雜務。我有一個一歲半的兒子，下班後都自己帶。晚上睡覺時，兩小時得醒一次照顧他。大部分時候我要配合別人的時間，所以很擅長利用零碎時間，但也因此毫無章法，不太有效率。

先生的時間管理也不好，因為公司規模與資金有限；他只好身兼多職。工作時間很長，連假日也不能休息，生活作息更是一團混亂。

傳統婦女居於輔助及配合丈夫的角色，既要把孩子照顧好，還需協助先生發展事業。因為先生很忙，所以不太可能要求他分攤幼兒的照顧。至於自己的事業則放在最後一位，不敢期望能過自己想要的人生或事業前途。

這類問題所造成的負面影響，不僅在孩子的幼兒階段，還可能持續至孩子長大後的親子關係。夫妻之間或三代同堂的家庭，這類衝突若未解決，更會破壞成人之間的感情與和諧。

期盼兒福聯盟日後的調查對象能擴及父親，了解爸爸照顧幼兒的付出有多少，以及男性兼顧家庭及事業的壓力有多大？希望藉此增進男性對母職的同理心，能與妻子一起分工合作。

二、女性勞動力與性別平權

我國女性勞動力的參與率快速成長，二〇一三年時已達50.46%。從行政院主計總處「人力運用調查」顯示，兩性未婚時勞動參與率差不多，進入婚姻後差距即刻拉大；男性往上竄升，女性折轉下降。雖然女性的教育程度提升，但婚後常因為照顧家人而退出職場，造成人力資源的浪費。如何協助女性重返或續留職場、兼顧工作及家庭？是各國政府與企業須積極面對的課題。

根據二〇一三年的調查，我國家中育有未滿六歲子女之女性就業者，

59.1% 每周經常工時約四十至四十四小時，35.15% 工作四十五小時以上。顯示我國職業婦女的工作時間很長，但因操持家務仍以女性為主，既要工作又要照顧幼兒，長期下來體力難以支持。

根據 OECD（經濟合作暨發展組織）各國經驗指出，友善的家庭政策有助提高女性生育意願，直接促進人口成長。為鼓勵父母均能兼顧家庭，我國於二〇〇九年五月一日公布施行《就業保險法育嬰留職停薪津貼規定》。申請育嬰停薪前六個月得請領平均月投保薪資的六成，而且父母可分別請領。

根據勞委會調查，二〇一三年申請育嬰留職停薪者，全國共有十六萬一千多人，女生比率為 82.79%，遠高於男性的 17.21%。OECD 國家提供育嬰假最長的期限為三年，如法國、芬蘭及德國等。為追求性別平等，部分國家規定育嬰假的父親配額 (father quota)，如冰島的父親育嬰假至少三個月，若不使用，權利即取消。

彈性工作方面，OECD 國家平均利用率約 9%，男性略高於女性（因職位較高之故），惟在家工作的時間仍低於女性。職業婦女常覺得難以有效分配工作與家事時間，因為要做的家事實在太多了。

近年來我國「性別平等教育」已逐漸生根，女性不想再忽略自己的感受與需求，對時間運用的方式也有所不同。女性外出工作後，家庭不再居於首要。她們自我解除傳統對女人的種種限制，充滿信心與活力地做自己想做的事。

妻子與母親的角色雖仍重要，卻不再是女性唯一的身分證明。如何打理家務及教養子女，是可以拿到檯面上與配偶或其他家人一起討論的事。

現代夫妻關係從父權（男尊女卑、夫唱婦隨）轉變為平權，家庭中開始學習尊重女性的意願，家庭事務需要大家相互溝通。現代夫妻以情感交流為基礎，從這種交流得到的回報才是親密關係能否持續的主因。男女關係應是平等、尊重、溝通，而不是專制、壓迫、暴力。

三、現代婦女要兼顧工作、家庭與個人

現代婦女若要兼顧工作、家庭、個人，在觀念、心情與體力上都要好好調適。以免身體垮了還被指責自私、不顧小孩，甚至影響夫妻感情。例如職業婦女「需要」或「想要」進修與參加考試時，正確的觀念及作法如下：

1.向「性別刻板印象」說「不」

「男主外，女主內」是必須澄清與打破的性別刻板印象，照顧子女與做家事，是夫妻都需要承擔的事。女性要自尊自重，當自己對工作與進修充滿熱情時，當然可以花時間追求自我成長與實現。此時可與丈夫協調，請他多分擔家務與子女教養；等日後丈夫需要進修或考試時，太太也會給予相同的支持。

2.對子女不要有「罪惡感」及「焦慮感」

這也是性別刻板印象的延伸，若女性覺得照顧與管教孩子是自己的責任，就會對兒女感到愧疚，甚至向孩子說「對不起」或以其他方式「補償」。讓孩子以為媽媽真的虧欠了他，抓到這個把柄後任性地「予取予求」。若孩子稍微出狀況就非常緊張，甚而認為是自己的錯。母親及孩子雙方承受過度的壓力，皆不利於親子關係與子女人格成長。

3.多與家人、老師「溝通」與「合作」

對於自己不能做到的部分，要邀請或請求家人及學校老師共同分擔。夫妻之間如子女的上學放學之接送、管教範圍的劃分與討論。親子之間如家事的分擔、做功課及休閒之規則、親子之相互期待及溝通默契。親師之間如讓老師知道家庭及孩子的狀況，以及需要特別協助之處。有些事情由老師與孩子談，效果可能更好。

若不提出自己的需求，別人不一定會主動伸出援手，甚至還「讚許」你如「八爪章魚」般地萬能。所以千萬別逞強，不要等自己的身體超過負荷、對子女亂發脾氣、工作績效不彰、子女身心出狀況、夫妻失和、婆媳衝突等情況發生時，再來挽救則「為時已晚」。

女性除了家庭責任，也希望有個人的工作與發展。這不該僅是女性的難題，男性除工作外也要兼顧家庭生活，扮演丈夫、父親的角色。在現今「性別平權」之下，應破除「相夫教子」是女性職責的「性別刻板印象」。每個人除了扮演夫妻、父母、子女的社會角色外，都有權擁有個人的事業、夢想、人際關係、進修，過所嚮往的生活。夫妻間要互相體諒與尊重，在對方較忙碌或追求夢想時，給予更多的支持。但也不可因過於忙碌，而要求對方無條件地支持與配合。

即使是家庭主婦或主夫，也不應被認定該包辦所有家事及照顧孩子的責任，甚至還要照料年邁或生病的上一代，以致生活範圍侷限於家庭中，沒有喘息及轉換心情的空間。

四、做家事是「重要的」生活能力嗎？

每個家人都應該會做家事，至於如何分擔或變通，彼此間可以心平氣和地共同商量。家事若能分工合作，就可以節省許多時間、改變生活型態。如果你發現自己是家中的主要家事工作者，尤其是你還有專職工作時，請自問：

1. 為什麼會變成這樣？
2. 為什麼其他家人不做家事？
3. 哪些家事應該分工？
4. 你的配偶及小孩分擔了哪些家事？

多半的答案是你覺得自己做得比較快、比較好，而且其他家人反正也叫不動，與其生悶氣還不如自己快點做完。或是你覺得應讓兒女有更多時間讀書、學才藝，花時間做家事還不如考個好成績或將來有個好前途來得划算。

這些「價值取向」只能靠自己判斷與抉擇，希望你的孩子不會因此「四體不勤」，日後被老闆罵「笨手笨腳」。

我常請大學生到家裡用餐，通常會要求他們早點來；譬如請吃午餐，就約上午十一點。「這麼早就要吃飯喔？」有些同學不解地問道。「不是！是要你們來幫忙做飯。」我答。這樣做是希望學生學習做家事，防堵有些人「不勞而吃」。有些學生會故意「晚到早退」，將「只享受、不付出」視為理所當然。可能是在家中已習慣「坐享其成」，所以我有責任「糾正」學生的錯誤觀念與行為，不做家事就不能吃飯。

為了避免學生只顧玩樂，與同學在客廳聊天、看電視、打撲克牌，我會先將工作分配好，如餐前洗菜、切菜、煮湯、煮水餃，餐後收拾碗盤、洗碗、丟垃圾、整理客廳等。幸好學生還「肯」聽老師的教導或使喚，所以我們才吃得到煮熟的水餃。如今能「自動去做」而且做得「有模有樣」的學生，比率日漸下降，顯見不做家事的學生愈來愈多。最近我招待十五位同學來家裡吃飯，竟然只有一位真正懂得怎麼切菜、熬湯。一問才知，這位美麗的女同學因為父親再娶、後母生了弟弟妹妹後太忙，她只能學著洗衣、燒飯，自己照顧自己。

不會做家事有何損失？我曾到一所小學演講，與家長探討「生活教育」這個主題，家長大都贊成孩子做家事。演講結束時，校長立刻與我約定以同一題目對老師演講；因為，不少年輕老師自己不太會做家事，也不覺得做家事有多重要，所以對學校的打掃工作較為輕忽。不僅不指導或不知如何指導學生打掃，甚至不認同學校的整潔規定。

也有為數不少的家長認為，孩子不需要會做家事，只要學業成績好，將來成為管理階層或上層人士，自然「有條件」請勞動階層來做家事。也就是孟子所說：「勞心者治人，勞力者治於人；治於人者食人，治人者食於人，天下之通義也。」但，即使孩子功課真的很好，就不需要培養做家事的「生活能力」嗎？在家裡不鋪床、不打掃、不洗碗、不丟垃圾，到了學校或職場也能如此不勞動嗎？如果不喜歡勞動，久之會不會養成懶散、髒亂的習性，甚至輕視勞動的價值呢？

〈案例討論〉

一、案例：

在你的家裡（原生家庭或你婚後的家庭）「性別平等」嗎？你自己如何取得「工作與家庭的平衡」？或你是否為另一半爭取「權益」？並與週遭的人請教與分享。

二、討論分享：

兼顧團體目標與個人目標的訣竅

上班時處理私人事務，老闆可能會不高興；但下班後還願意處理公事，老闆一定欣賞你的工作態度與效率。別誤會老闆是吸血鬼，不讓你有時間喘息。但你若願意為老闆著想，下班後仍把較緊急的業務處理好再走，老闆會因為感謝你，有時也寬容你在工作時間處理私人事務。上司與下屬之間不僅是工作夥伴，也可以是朋友甚至是家人關係。

反之，若你與老闆玩「貓捉老鼠」的遊戲，他懷疑你工作不夠認真，你生氣他對你不夠信任，這樣一來彼此都不開心。所以雙方都要調整態度與期待，老闆不應期待下屬下班後仍「時時刻刻」處於待命及「馬上辦」狀態，下屬也不應完全拒絕老闆下班後的所有指令，可「適度」為老闆分憂解勞。不能做也要說明理由，不可直接拒絕老闆或故意拖延不做。

一、如何於工作中準備考試或其他發展？

每到高、普、特等國考放榜日，不只是「幾家歡樂幾家愁」可以形容。因為不少人是「專職考生」，完全放下工作、專心準備考試，平均三年才能考取。有些長官在下屬為了考試而想辭職時，會建議最好能兼顧工作與考試，才不會「孤注一擲」、壓力過大。二〇一三年九月高普考放榜時，有位考生竟因落榜而上吊自殺，腳下還墊著備考的參考書。

下面是一位在私立大學擔任行政工作的考生，他如何兼顧工作與準備國考的技巧。他白天專心工作，下班後晚上時間及周休二日固定在圖書館準備考試。

由於社會行政國考與社工師考試，有許多科目重疊，所以我一起準備兩個考試。社工師考試去年只差三分，所以預測今年上榜的機率為70%。另外我還參加七月的社會行政高普考及十二月的地方特考。目前高考的錄取率為5.94%，普考為3.23%，地方特考三等為4.41%、四等為3.80%。雖無法預測自己的上榜機率，但仍希望盡最大的努力，搭配縝密的讀書計畫來備考。

我的讀書計畫與安排為：周一至周五每天四點下班就到校內圖書館念書至晚上九點。周休二日則從早上九點到下午五點，到住家附近的市立圖書館讀書。

二、工作與進修的兼顧

張忠謀認為不論是醫生、科學家、半導體業，都要跟得上行業的趨勢。若不能跟上新的發展，十年內便會脫節；而科技、工程領域則失業更快。終生學習的短期目標，可與興趣、工作職務的調動結合。張忠謀建議，不管再怎麼忙，每年一定要回學校充電。抽出一、兩個星期的時間去聽課，或參加五到十次的研討會。因為學校是培養求知心、求知習慣及思考能力的地方，上課時要嚴肅地做筆記才能學到東西。

許多人覺得下班後已經很累，實在沒有體力進行個人進修。但有些專業進修是因工作的需求，必須具備某些證照或學習新的專業知能，與其抗拒、退縮甚至辭職，不如趁此機會衡量自己未來的目標。若個人目標能與團體目標相結合，則進修可以一舉兩得，何樂不為！若不符合，也可趁此時重新「目標定位」或自我抉擇，是否要「走出自己的一條路」。

三、工作（或學業）與個人生活的平衡

許多人苦於「責任制」，覺得花太多時間在工作上，不知如何找出時間擁

有個人生活。或為了拼業績（不論是主動或被迫），生活中只剩必要的吃飯、睡覺，嚴重影響到生活品質與心情。

有些下屬認為是公司的組織文化或上司的壓制，使自己淪為工作機器。但有些上司也苦於下屬能力不足、不了解工作目標，無法獨立作業及充分授權，使得上司要多花時間督促與指導他。

要取得工作與個人生活的平衡，就要自我覺察是否因工作過度而忽略，甚至犧牲了個人生活，尤其是夫妻關係與親子關係。另外，則是需要改進工作技巧、增加工作所需的知能。必要時，甚至要重新考慮自己適不適合這份工作。

總之，一定要恢復「該有」的生活方式，過平衡的生活。如好好吃飯——尤其要跟家人一起用餐；睡眠充足——尤其要早點上床，運動絕不能省，定期的與親友聚會，真正的放鬆與放空，心情要愉快。

求學亦然，許多人在讀大學以前因過度專注於學業，以致「暫時犧牲」睡眠、運動、休閒、社團、人際關係等，彷彿這些都不如考上好學校來得重要。然而，萬一考壞了呢？失去了健康、朋友、自信……，這樣真的值得嗎？

〈案例討論〉

一、案例：

在工作（或學業）與個人生活的平衡方面，你覺得自己的狀況如何？你身邊有否較好的楷模？並與週遭的人請教與分享。

二、討論分享：

本章貼心叮嚀——你該開始的「時間管理」練習

＊大人的情緒沒處理好，最容易宣洩的方式就是「欺負小孩子」。

＊不知該怎麼做或不確定做得對不對，儘快向人請教或求助，以免一錯

再錯。
*時間不夠用，主要是浪費在「不值得的事情」上。
*要從容不迫地面對自己的人生，不繼續當糟蹋生命的濫好人。
*「兼顧」乍看是很大的壓力，其實是必須面對的「現實」。
*母親累積的壓力和情緒，因為沒有傾訴的對象，可能直接發洩在孩子身上。
*女性不該因為母職角色而犧牲興趣、睡眠、社交、健康及夫妻感情。
*如何打理家務及教養子女，可以拿到檯面上與配偶或其他家人一起討論。
*夫妻要互相體諒與尊重，在對方較忙碌或追夢時給予支持。
*單單是家事的分工合作，就可以節省許多時間、改變生活型態。
*終生學習的短期目標，可與興趣、工作職務的調動相結合。
*要自我覺察，是否因工作過度而忽略甚至犧牲夫妻關係與親子關係。

我的創意與實驗——試試看！為自己「量身訂做」的「時間管理術」

1.

2.

3.

第6章

時間使用計畫

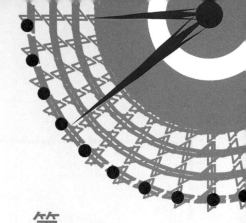

也不要浪費難得的長假喔……
休 休
早 中 晚
工作A 工作B 工作C
工作A 工作B 工作C
早 中 晚
在職進修
才藝
第二專長
工作計畫
A ~
B ~
C ~
假期規畫
家庭時間
朋友聚会
興趣…

〈生命轉彎處〉

你是否覺得「船到橋頭自然直」？只要保持樂觀，事情自然有它的發展，急也沒用！

事實上，起步過於樂觀，結果通常悲哀。因為該處理的事如果沒有正確行動，並不會自己「完成」，更不用說能夠「做好」！

「萬事起頭難」，心裡雖然想努力，但因為惰性、生活作息紊亂以及網路成癮，往往力不從心。千頭萬緒不知從何下手，於是只好再度自欺欺人地說「以後再做吧！」一直拖延到罪惡感完全麻痺為止（無藥可救）。

怎樣才能「消滅」愈堆愈多的工作呢？

怎樣才能把事情「做完」、「做好」，創造成功、快樂的人生呢？

你已經準備好要清醒地面對自己的人生，下定決心好好學習時間管理了嗎？

我自己興起好好學習「時間管理」的念頭，是在民國七十六年，當時我剛讀博士班，面對讀書、兼職、照顧孩子、婆媳相處、承擔家務等諸多難題無法圓滿解決，真是怎一個「煩」字了得！

為了博士學位的夢想，我必須在有限時間內做更多事。幸好「有智慧又仁慈」的賈恩師馥茗先生教了我兩招簡單但十分有效的時間管理技巧：

1. 排出預定完成的時間表

先安排論文每一章節的預定進度，愈接近「事實」愈好，也就是要考慮完成的時間與個人能力的配合。原本我盼望完成論文的期限，不超過四年就心滿意足。但馥茗恩師卻說，為了不耽誤孩子的成長，應該在三年內完成，還包含修習課程三十餘學分。所以我必須嚴格按照論文預定進度進行，才能如期完成。萬一進度落後，馥茗恩師教我一個技巧：某一章某一節寫不完時，可直接刪去該節，將該節內容與前後節合併，以免拖累之後的進度。也就是說，無論如何都要跟上進度，不可拖延。

2. 創造更高的效能

恩師還教我每天多出一小時的訣竅，以白天八節課為例，原本每節課為五十分鐘、休息十分鐘，改為每節課四十五分鐘、休息八分鐘。每節課少五分鐘對寫論文來說，效果並無顯著差異。但一天八節課節省下來，會多出一節課的時間。若一節課可寫論文二百字，一周即可多寫一千四百字，一個月多寫六千字，一年十二個月即多出七萬字。

最後我以不到三年的時間完成約四十萬字的博士論文，打破自己能力及目標的極限，最大的功臣當然是我的師傅——賈馥茗先生與黃光雄先生。也幸虧我是個好學生，完全聽從恩師的建議，不放棄、不停止地寫下去，這也算是成功的原因之一吧！

馥茗恩師傳授的時間管理技巧，讓我終身受用不盡。日後寫作我都先訂出全書章節的架構，才不會有「見樹不見林」的弊病。再依每一章的進度寫作，沒有發生過拖稿的情況。包括博士論文的獎助出版在內，我已出版超過五十本書了。

「時間計畫」的意義與價值

如果說「時間就是金錢」，那麼「時間計畫」就與「投資理財」同樣重要。理財的方式很多，包括不能預測盈虧的投資。幸好，時間計畫不會那麼悽慘；只要方法正確且不斷改善，「獲利」往往超出原先預期。但謹慎投資、收支平衡、開源節流，仍是「時間計畫」與「投資理財」的共通原則。

一、時間計畫的意義

大多數人不是因為擁有太多時間不知如何運用而學習時間管理，多半是發現時間不夠用，所以必須妥善分配。「時間計畫」就是將時間做最好安排的方法，短則半天、一天的管理，甚至一、兩個小時，都可做「時間計畫」。長則一周、一個月、半年、一年、十年，都該預先做好「時間規劃」；不該胡裡胡塗地浪費大把時間，再來懊惱沒有時間或已經來不及了。

時間計畫的學習，可分三個階段或層次：

1. 初 階

剛開始你會覺得時間太少、不夠用，所以要學著「抓住」為數不多且被切割的時間。其實，你的時間並不少，只是你掌握住的並不多。

2. 進 階

慢慢的你知道應該「珍惜」與「蒐集」時間，不論多小塊的零碎時間，都能積少成多。善用時間，再少也可「小兵立大功」。

3. 高階

這時你已懂得「維護」自己寶貴的時間，而且還要「開創」更多時間。因為你已確定自己的人生目標，所以要將時間都投注在正確的事情上。

時間計畫不僅是一天行程的合理安排，更要設法將每天的各個時段做最充分的運用。從一天的行程延伸到周計畫、月計畫、年度計畫，消極的須了解自己在忙什麼，找出效率不彰或拖延事情的原因。積極的則是改變工作與生活方式，避免加班及熬夜；才有時間與體力和家人相處、與朋友聚會，以及安排個人的休閒、運動、閱讀、學習新技藝等。

時間計畫也可運用在較長時期或較複雜的工作上，類似施工的「工期」。並且訂出工作檢核表，使自己確實按進度進行。

時間計畫不僅是「個人」的事，「團隊合作」更需要它。因為大家有空的時間不同，所以更要相互協調與配合。領袖須比組員更積極，才能整合大家的時間，排訂團隊工作行程表。

時間管理是一種習慣、觀念、毅力、抉擇，也是一項技巧、計畫與行動，有下列具體的「作業」：

1. 如何「切割」時間，以同時處理不同性質的工作或活動？
2. 如何「分辨」事情的重要及緊急程度，以便安排順序或取捨？
3. 如何「快速處理」眼前或較簡單的事情，以避免堆積工作？
4. 如何抓住及運用「零碎時間」？
5. 如何善用「通勤時間」？
6. 如何「均衡」事業與家庭或工作與休閒？
7. 如何達成「責任制」工作類型的時間管理？
8. 如何「分配」有限時間，創造最大的效果？
9. 如何改進「工作效率」？
10. 如何正確回應「突發事件」，以免影響正常的工作與生活？

既然稱為「妥善安排」，表示時間計畫若無法徹底執行，就是因為安排得不夠妥善。「妥善」的標準操之在我，因為每個人的「個性」及「處境」不同，所以時間管理必須「量身訂作」。例如，睡太少的人就要多睡些，睡太飽的人就要早起些。太忙碌的人就要放鬆些，太懶散的人就要積極些。有些人運動不足、有些人與家人相處時間太少、有些人不參加社交活動、有些人想出國度假、有些人好久沒拿起書本來閱讀……。每個人的學習能力與速度、生涯目標、個人特質、家庭背景都不一樣，時間運用的方式自然有差異。所以，應依自己的需求來「妥善安排」，不要盲目模仿或羨慕別人，更不必與別人比快或爭贏。

二、找出破壞行程的殺手

有些人不想做時間計畫，理由是：「計畫永遠趕不上變化」。既然做了計畫也無法徹底履行，何必還要計畫？常見破壞預定行程的原因及突破方式如下：

1. 干　擾

電話、簡訊、電子信件、網路、主管的命令、同事的拜託、客戶的請求、配偶的怨言、家人需要陪伴、各種噪音等，有這麼多的干擾，時間管理如何有效執行？

其實，干擾的來源並非完全來自外在，例如「滑手機」、瀏覽網路都是個人的行為。干擾也並非全都能夠控制，例如，工作場合的噪音，或工作上的臨時事務，這些還是必須忍耐與配合。干擾並非全都要排除，例如，與家人的互動、家人對你的期待。

有些干擾不但要接受，還要視為正常，例如，老闆與你討論要事或重要電話的撥接。有些干擾不僅不應煩躁，還要更加重視及有耐心，例如，與家人維持親密關係或專心聽他們說話及共同出遊。

克服干擾其實不難，以電話或手機這部分來說，可設定電話答錄、手機靜音模式，暫不接聽電話，之後再找時間回電。減少講電話、回簡訊、寫電子郵件、上網的時間，就可大大減少干擾。

如果是噪音的干擾，能找到安靜的地方最好，若不能則須自我調適。例如，我曾因博士班考試落榜而怪罪是沒有安靜的地方讀書，我曾因無法專心工作而怪罪於老闆的大嗓門。我可以換地方讀書，但總不能換老闆吧！此時，「以毒攻毒」恐怕才是克服噪音最好的方法，於是我斷絕自己的「退路」，學著與工作場所的噪音和平共處；終於達到不管在什麼地方，都可以專心工作的地步（讀書亦然）。但還是要規勸無意製造噪音的你能自我克制，以減少別人的困擾。

現今手機、電腦等通訊科技的發達，最大的干擾往往是因自己「滑手機」、瀏覽網路等「上癮」及「失控」的行為，才讓你不能專心上課、上班，不想跟別人接觸，也忘了該做的事情。「網路成癮」降低了你的專注力，使你沒辦法把事情做完及做得更好。

2. 突發事故或臨時事件

上級或主管臨時交辦的事情，或客戶與同事表示非常急迫、需要你幫忙的事情，也是常見的干擾。接手別人的工作須量力而為，對方確實「情有可原」或與對方交情深厚，以及你希望能「交換」他下一次對你的協助與支持時，才伸出援手。若不懂得拒絕或不知取捨，在體力與腦力有限的情況之下，可能會「吃力而不討好」。

臨時插入的工作該怎麼處理？若都接受，原本的計畫將被延誤或打亂。所以，要先判斷是該立即去做或是拒絕？若要拒絕，則應讓人知道理由，例如，你正專心處理某件要事，目前不能打斷。

其他拒絕的技巧還包括：答應幫忙一小部分，或表達下次一定給予補償。拒絕上司或客戶尤其要小心應對，若完全拒絕會得罪上司與客戶，若完全滿足其額外的要求，「能者多勞」、「得寸進尺」之後，自己可能變成「被壓垮的駱駝」，對其他客戶也不公平。

3. 時間須聽任別人的安排

許多人抱怨沒有「自己的時間」，因為從小到大都聽任父母、師長、老闆、配偶及子女的安排。其實這不是事情的真相，若你有這樣的感覺，更需要以時間管理「收復」失去的時間、「抓住」有限的時間。

若你是學生，不希望時間都被父母掌握，就要使自己的作息正常，包括讀書、遊戲、睡眠、回家時間等，並向父母表達自己的身心需求，如運動、休閒、社交、社團活動等，爭取時間管理的主導權。

若你是上班族，就要讓上司、同事、客戶知道你正在做什麼事，以及工作的節奏及效率，讓他們不要一再催促你。若能搶先一步或定期向上司、同事、客戶報告工作進度，那麼時間就能由自己安排，這才是皆大歡喜、多贏的局面。

4. 心情不好、提不起勁

因自己的生活作息不正常，睡不好、體力不足、心情不好等，所以無法積極、規律地運用時間。生活中發生的大小事若不能妥善處理，都會影響正常的行程。戀愛時心裡想的都是他（她），除了跟他（她）在一起外，其他事都不想做。反之，失戀時也一樣，到處都充滿他（她）的影子，而使正常生活停擺。

類似的「心事」或「壞事」太多或糾纏不清，可能引發身心疾病而失去生活與工作功能。所以平常要小心覺察自己的身心狀況，別對小事抓狂，別讓小事變大。

三、時間計畫的價值

現代人因電器用品、通訊方式、交通工具發達，節省了許多時間。但也因資訊爆炸、上網時間過長而破壞正常的生活習慣，如熬夜、嗜睡、運動不足、不吃早餐、高熱量食物、久坐、低頭族、不喝水、常攝取含糖飲料等。以致罹患三高、代謝性疾病機率增高，年輕族群比起中老年人情況更為嚴重。

許多人排斥或誤解時間管理，以為時間計畫或安排工作進度會把人綁死。一旦無法按照時間計畫進行，就覺得時間計畫太理想化、不實用。這種悲觀心態是時間管理失敗的原因之一，其實計畫是活的、可以調整，它不是超商的物價標示，而較類似數學的「概算」或「約數」。只要大致符合時間計畫即可，不需要機械化地全部照做。

時間計畫是為了安定心情、展開行動、提升效率，激勵你相信自己可以「做得完」、「做得好」、「愈做愈好」、「做就對了」。時間計畫能激發內在動力及潛能，使頭腦及行動更靈活，讓工作「事半功倍」，將壓力變成成長的動力。「時間計畫」絕對值得嘗試，它將會產生下列價值：

1. 做完所有「該做的事」，減輕壓力

不論職場或學業，都有必須完成的工作。各種角色扮演如上司、下屬、同事、父母、子女、手足等，都要盡心盡力、不能敷衍了事。自己的房間要打掃、衣物要清洗、生活必需品要採買、親友生日的禮物要準備等。能把自己管理好，該盡的責任都盡了，才會覺得肩頭輕鬆、心情輕快。

2. 有時間做「想做的事」，完成夢想

我們常「花太多時間做別人要求的事或盡自己的本分與角色，卻留太少時間給自己做想做的事。」時間計畫可以使我們開始有所行動，而非一直停留在「夢想」階段。

3. 釐清事情的「重要程度」，增加效率

美國管理學家史蒂芬・柯維 (Stephen Richards Covey)，將工作按照「重要」和「緊急」程度，分為四類事務（顧淑馨譯，2005，頁 130）：

表 6–1　按照「重要」和「緊急」程度而分的四類事務

	緊急	不緊急
重要	Ⅰ ・危機 ・有期限壓力的計畫 ・急迫的問題	Ⅱ ・防患未然 ・建立人際關係 ・規劃、休閒 ・改進產能 ・發掘新機會
不重要	Ⅲ ・不速之客 ・某些信件與報告 ・必要而不重要的問題 ・受歡迎的活動 ・某些電話 ・某些會議	Ⅳ ・繁瑣的工作 ・某些電話 ・有趣的活動 ・某些信件 ・浪費時間之事

柯維建議：要捨棄第三、四類「不重要」的事，節制第一類「重要且緊急」的事，投注更多時間在第二類「重要且不緊急」的事，才是個人管理之鑰（頁129）。這樣才有遠見、理想、平衡、自制，較少有危機。

但前提是，要先分辨自己常做第幾類的事，才能真正節省時間。要改為正確的方式，選擇先做第二類事務，如未來的工作計畫、建立人際關係、主管交辦或某些別人請託之要事、人員培訓、制訂防範措施、清理辦公桌、布置辦公室等，才能增加效率與效能，使熱情、自信形成良性循環。重要的事要在不緊急的時候做，才能避免或減少第一類「重要且緊急」的事情，如客戶投訴、即將到期的任務（含主管交辦事務）、財務危機等。

並非所有事情都一樣重要、一定要做，所以要練習排出先後順序。若有十件事，如何從第一排到第十？「重要且不緊急」就是最重要的排序原則。

4.增加更多「能做的事」，提升價值

試著去做以前沒把握的事，例如，將原本遙不可及的夢想，切成多個可以達成的小目標。鼓勵自己先達到一個小目標，之後再想如何達成下一個小目標。

「能做的事」並非都為了「功成名就」，「提升價值」也不是指有重大貢獻或得獎。學習一些才藝，如樂器、園藝、養魚、跳舞、編織、電腦繪圖等，過自己嚮往的生活，這也非常有價值。或者擔任志工、從事一些不計酬的好事，如協助流浪動物協會辦活動、照顧導盲犬（包含牠們退休後之安養）、成為受虐兒之安置家庭、組讀書會……。從中獲得的健康、快樂與成長，都是「無價」的。

5. 複雜工作「分散進行」，免除後患

時間計畫包括每日行程，以及需要較長時間的工作計畫。一項工作無法立即完成時，應從集中式改成分散式，放入每日行程中；即使每次只做一點，也會覺得有成就感，而且不如想像中那麼困難。分散進行的工作方式，是一種很好的自我提醒、監督與管控。

6. 不畏困難「即知即行」，激發潛能

時間計畫可「強迫」自己即知即行，不因擔心事情太複雜、不可能一次做完，以致一直「原地踏步」。這種做法可使人產生勇氣，也會被迫激發潛能。藉此機會也可改變時間運用的觀念，事情不必一次做完，較複雜的事更不可能一次做完。但「做就對了」，不要浪費時間在無謂的顧慮上。

7.清晰可見的「目標定向」，省時省力

若沒有確定的目標，則很難持續工作的熱忱。訂定目標之後，也不必給自己太大的壓力。因為起點與目標之間，還有很寬的距離，中間可能充滿阻礙與挑戰。要給自己許多「中繼站」或「補給站」，才有自信與動力繼續向前。慢慢的，距離目標才會愈來愈近。

8.「生活作息」正常化，身心健康

一般人較喜歡有彈性或隨性的生活，不習慣太過規律的作息。但，隨興的結果可能失去自我控制的能力。真有重大事情時，就會擔心無法準時赴約或如期完成。而且會因為沒自信掌控時間，於是不敢承接責任，於是失去自我成長的機會。其實即使不太重要的事，耽誤久了也會因小失大。

9.善於利用「迷你時間」，達到效果

時間單位可長可短，三十分鐘或三分鐘均可運用。學習時間管理後會覺得時間比從前多，也比別人多。一般人會認為三十分鐘太短，時間管理者則表示時間足夠且非常多，甚至還能分成五份，每份六分鐘共做五件事呢！學習將工作切開的技巧，切得多細都可以。於是，任何短時間都可利用來做一小部分的工作，如打一通電話、發一封電子信函。

10. 巧妙手法的「時間魔術」，使時間變更多

時間多或少是主觀的感受，「有時間」或「沒時間」的分野在於是否懂得運用及發揮時間的效益。首先，要自我暗示：我有的是時間，漸漸改掉昔日常覺得來不及、沒時間的焦慮感。其次，要在「還有時間」時提早開始工作、提前出門赴約、早些起床等，就會覺得時間很充裕。當然，腦力與體力也是關鍵，「事半功倍」或「事倍功半」，時間成效就差很多。

阿榮再一、兩個月即將大學畢業，但他已先到新公司報到了。這段過渡時期要兼顧學業、工作、家教、教會活動等，常感時間不夠用。我建議他記錄自己一周的行程，看看各個事情之間有沒有衝突？他發現：

1. 常因事情多而太晚回家，結果睡眠不足或睡過頭。不僅耽誤第二天的工作，疲憊也導致學習或工作效果不佳，甚至容易生病。
2. 想要「面面俱到」，反而「顧此失彼」，因前一件事未做好而無法做下一件事。

3.自己的能力很強，自我要求也高；但因時間、體力與腦力均不足，結果反而每件事都不盡理想，令公司的主管有些不滿、擔心及失望。

4.為了及時銜接各項工作，除了一直「趕路」、心情緊張之外，也常因趕不及而愧對別人或工作。

5.休閒、運動等喘息的時間不足，讓體力及腦力都不堪負荷；憂鬱的負面情緒卻逐漸開始累積。

若以現代年輕人的標準來看，阿榮的積極與勤奮，絕對榮登「有為青年」金榜。但切記「細水長流」的原則，不要把體力、心力一下子「衝刺」殆盡。阿榮覺得自己因為不懂得排列事情的優先次序，才會被時間追著跑，讓課業及工作都出現危機。身兼多職又要面面俱到，真不容易！他要學的不只是「今日事今日畢」，更要掌握生活節奏，不能「什麼都想抓」（行程太滿）而把自己累壞了。拖著疲憊的身體熬夜苦讀或工作，效果均不彰。他希望自己半年內能晉升業務主任，但他的主管質疑阿榮身兼多職，無法全力投入工作。阿榮的「進取」，也可能使他陷入「貪多嚼不爛」的窘境。

　　幸好阿榮及時調整，而且大學畢業後不再有學業的顧慮，在服役後短短半年內他以業績說服了上司，成為全公司最年輕的主管。

〈案例討論〉

一、案例：

　　你是否因生活節奏太緊湊，不懂得「細水長流」的道理？而因此得到什麼教訓嗎（例如重感冒或受傷，好久難以復原）？並與週遭的人請教與分享。

二、討論分享：

每日行程表的安排

每個人每天都「擁有」二十四小時，乍看很公平，但因許多人不明白時間的價值，誤以為擁有無限多時間而「隨意」揮霍，結果變成沒有時間。反之，善於時間計畫的人，就能將二十四小時變成一般人的四十八小時。

一、時間計畫的學習步驟

剛開始練習「時間計畫」時，會因不知如何規劃，所以花較多時間來練習，可配合下列步驟來執行：

1. 先把該做或想做的事情列出來，想想如何排入一天的各個「時間單位」內。
2. 初排後再想想，試著調整一下；多調整幾次，效果往往會更好。
3. 「照表操課」後，若因疲倦、厭煩（沒耐心）、干擾等而無法照原訂計畫進行時，可以休息或更動順序。這是很正常的現象，無需自責；因為，休息及修改都是好事。

4. 不需要提前一天排定明天行程，工作、學習等時間計畫，到當天有空檔時再安排即可，一天排幾次都可以。

這些步驟聽起來不難，許多人卻「半途而廢」，之後再懊惱、後悔，又重頭來過。例如讀大二的小潔，她知道自己需要時間管理，卻沒辦法持續實踐。她說：

高中時我曾執行「時間計畫」，雖然感覺不錯，但我覺得花太多時間排計畫，好像不太划算。後來改採放任式做法，成績仍在前三名。雖不滿意但還可以接受，時間管理就不了了之。

讀大學後要準備很難的證照考試（科目又多），如果不做好時間管理，難道要等年紀大了，一邊帶孩子一邊準備考試嗎？

目前最大的困擾是因為擔任系學會及社團幹部，開會或聚會的時間太多，一周至少要花三個晚上，另一天晚上我還選了課。所以，如何在社團與課業之間拿捏分寸呢？另外，我還想「遊學打工」，也該參加英語的檢定考試了。

以小潔的例子來看，若要練習「時間計畫」，步驟如下：

1. 課業要求、系學會活動、社團活動、證照考試的準備等，將目前須做或想做的事都列出來，試著排入一天的行程或「時間單位」內。
2. 排好之後想一想，會不會太「貪心」了，也許做不了那麼多事情，必須做一些刪減或割捨，例如社團與系學會的有些事可交給別人或與人合作。將原先的時間計畫多調整幾次，試試看效果如何。
3. 按照「時間計畫」進行時，若覺得疲倦、厭煩或有外來干擾時，為了達到讀書或工作效果，當然可以休息或更動原先計畫。這不但是正常的現象，而且在做時間計畫時，即應考慮個人極限及臨時事件。
4. 時間計畫到了當天再排即可，一天排幾次都可以；也就是說，工作或學業在一天當中可分幾次進行，不必一氣呵成。

二、每日行程表的計畫

要如何把握與運用一天的各個時段？一天可利用的時段如下：

1. 早起到上班或上學前的一、兩個小時。
2. 上午半天時間。
3. 午間用餐及休息的一、兩個小時。
4. 下午半天時間。
5. 黃昏到晚餐後的一、兩個小時。
6. 晚餐後到睡前約三個小時。

各時段可分別做時間計畫，若無法按照預定計畫進行，多半是因高估了自己的專注力與效率。不要自責或大驚小怪，這不代表個人的自律、自制力或意志力很差，而是身心的正常現象。務實的做法，是配合自己的步伐與節奏。排行程表的用意在於提醒自己哪些事要做、時限為何，是行動的參考依據，卻非標準的做法。

能做「時間計畫」，代表積極、負責的態度，重點在建立有效率的時間觀念與行動。不能先挑簡單或喜歡的事情做，否則可能沒時間做困難或不想做的事。所以應該先做重要、複雜，甚至是你掙扎著或潛意識想逃避的事。為了提高效能，不必死板板、機械化地訂定時間計畫。

下面這份「今日時間管理表」，是我在民國七十六年為了有效撰寫博士論文及兼顧家庭、工作所設計。左右共兩張，作為一天的行程安排。採活頁式，置放於九孔簿內。自行標注日期，每天撕去左邊這一張（今日事今日畢），今日無法完成的事要挪到後面的某一天完成。這表格我已使用超過二十年，覺得十分實用與適用。

左邊是一天二十四小時的表格，可清楚標明預定事項如上課、會議、訪客、與客戶會面之「開始」及「結束」時間，尤其要預定「結束」的時間。由時間表中可看出，我自己習慣的時間單位為二十分鐘，所以每小時分三格。你可改為三十分鐘為一個時間單位，或嘗試以十五分鐘為一個時間單位。

（左邊）

今日時間管理表　　月　　日（星期　　）

6:00		15:00	
7:00		16:00	
8:00		17:00	
9:00		18:00	
10:00		19:00	
11:00		20:00	
12:00		21:00	
13:00		22:00	
14:00		23:00	

（右邊）

【今日最重要的事】

....
....
....
....
....
....
....
....

〈反省的、鼓勵的、幽默的、感動的〉

一般人容易分心，可借助「計時器」強迫自己在一段時間內集中精神。經由多次練習，可慢慢增加專注力。剛開始可以五分鐘來練習（時間到會「嗶嗶」作響），再慢慢延長專注時間，到可以持續專注三、四十分鐘時，就很成功啦！「先求有，再求好」，標準不要過高；不管能專注多少時間，都要自我獎賞與激勵。

三、檢查你的行事曆

懂得查看行事曆的人，「一定懂得掌握自己的生活，而且在做另一項承諾前，一定很清楚自己的現況。……他不是靠記憶，而是將承諾的工作、計畫和其優先次序寫下來。……行事曆是喚醒你記憶力的有效工具。訣竅在於要使用它，更新它，以及固定地瀏覽它——一天至少兩次。」（陳麗芳譯，2000，頁97）

「今日時間管理表」也相當於行事曆，為確定在什麼時間內要做什麼事，如上課、演講、會議、相約見面等。若是承諾或自行安排要在當天做完的事，就寫在右邊的「今日最重要的事」。

固定瀏覽行事曆，除了能夠不忘事、不拖延，確實做完「待辦事項」外；更可自我檢討與調整：

1. 某些事非做不可嗎？
2. 會否讓自己太忙，沒有喘息或獨處時間？
3. 會否分配不均，有時太忙、有時太閒？
4. 對自己承諾的事感到後悔嗎？
5. 這是你想要的生活嗎？可否更簡單或更充實一點？
6. 有否錯過一些更重要的事，如參加孩子的學校活動、家人旅遊、關心親友？

〈案例討論〉

一、案例：

你以什麼方式或表格做每日的時間管理（行程表）？效果如何？想要如何改善？並與週遭的人請教與分享。

二、討論分享：

神奇的「時間魔術」

許多人抱怨沒時間度假、休閒、社交……，但抱怨無濟於事，還是要有改善的決心與行動。例如，先確定度假的時間與地點，然後才有動機提高工作效能，努力在度假前完成工作。但如何「變出」想要做某些事的時間呢？

一、調整時段以增加時間

我擔任某些研習課程的講座時，為了提高學習動機與效果，會調整課程的時間安排。例如，一天七小時的課程，原本安排是：上午九—十二時（三小時)、下午一—五時(四小時),每節五十分鐘,各節之間休息十分鐘。

一般研習多半九點多才開始(報到時間的延誤),中午十二點多才結束。隨著午餐及午休的延後,到下午近兩點才開始,最後拖到快六點才下課。於是到了下午五點鐘時,有些學員就會先行離開,有些學員則感到焦急、無奈,上課效果均大打折扣。

若是七節課、共三百五十分鐘,我會把它調整為:

上午:

前半段:九點十分至十點二十五分

後半段:十點三十五分至十一點五十分

兩段各七十五分鐘,共一百五十分鐘(中間休息十分鐘)。

下午:

第一節:十二點五十分至二點(七十分鐘)

第二節:二點十分至三點二十分(七十分鐘)

第三節:三點三十分至四點三十分(六十分鐘)

三節課，共二百分鐘（中間各休息十分鐘）。

這樣的安排比原先的結束時間（下午五點）提早了半小時，比一般人的拖延更提早了一小時。

再以晚上的課程來說，原先四節課的安排為：

六點二十五分至七點十分

七點十五分至八點

八點零五分至八點五十分

八點五十五分至九點四十分（中間各休息五分鐘）

我把它調整為三節課：

六點二十五分至七點二十五分

七點三十分至八點三十分

八點三十五分至九點三十五分

奇妙的是，只提早五分鐘下課，卻感覺比別班早下課許多（應該是他們延誤了）。為了掌握每節上下課的時間，我都使用計時器，分秒不差。

二、「零碎時間」或「迷你時間」的妙用

許多人希望擁有較長、較完整的時間，而且不被打斷或干擾，可以專心工作。但若固執於這份「期望」，就會以此為藉口而無法好好工作。因為這種完美狀況遠少於真實情境，時間永遠不夠長，工作很難沒有干擾。而且，要多長的時間才夠長？要多久的時間才算完整？若一直慨歎「沒時間」或等待有「較多時間」，則事情永遠做不完，壓力也會愈來愈沉重。而且，當你有較長、較完整的時間時，也未必能夠善用，反而更加浪費。

自覺完全沒有時間的人，其實還擁有「零碎時間」。就好像做衣服或麵包時「裁掉」的部分，仍然是布料及麵包，全看你怎麼運用。時間切割與規劃，通常以十分鐘至一小時為一個單位。不管是多少時間，五、十、十五分鐘都可靈活運用。以「計時器」來輔助，更易落實時間管理的行動。總之，時間計畫是方向及態度，並非機械化的自虐行為。

時間計畫也可用於較複雜、須較長時間的任務上。將大工作切割成小工作，中間設定許多小目標，每個目標搭配多少時間。如此做法，就不會煩惱沒有足夠時間或事情無法完成了。

其他如「彈性時間」、「通勤時間」等，都可善用以增加效率。「彈性時間」是指不排任何事情的空白時間，藉此可完成前面未完成的工作，或讓自己喘口氣，不要繃得那麼緊。「通勤時間」乍看不安定，反而可能成為高效時間（因為更專心），可用來閱讀、背英文單字、做計畫等。

三、活化腦力、增強體力

當你希望提升課業成績時，並不是增加讀書時間就一定有效果。不少人花時間補習或熬夜苦讀，成績仍然沒有起色。反之，家貧而必須協助家中工作或打工的孩子，卻能利用短時間來讀書。報載，有一位須幫忙家裡麵攤工作的孩子，他將要背的單字、要讀的課文夾在點菜單的旁邊，一有空就讀一些，結果一樣考到理想的大學。所以重點在於效果，能活化腦力與體力才能提升成績。其他有效的方法如與同學一起讀書、向成績好的人請教讀書方法、以運動或休閒舒壓。

工作亦然，不要只顧打拚卻毫無休閒娛樂；不只肌肉太緊繃，腦子也會跟著退化，無法創新或突破。

〈案例討論〉

一、案例：

據你觀察，成功人士如何活化腦力與體力？你自己又怎麼做？效果如何？並與週遭的人請教與分享。

二、討論分享：

本章貼心叮嚀——你該開始的「時間管理」練習

* 謹慎投資、收支平衡、開源節流，是「時間計畫」與「理財」的共通之處。
* 時間計畫不僅是安排一天的行程，而是設法將一天各個時段充分運用。
* 最大的干擾是「滑手機」、瀏覽網路等，讓你不能專心上課、上班。
* 網路成癮行為降低了你的專注力，於是「不專心」就把你帶向失敗。
* 主動向上司、同事、客戶報告進度，使時間由自己安排，才是多贏局面。
* 時間計畫能激發內在的動力及潛能，使頭腦及行動更靈活。
* 能把自己管理好，該盡的責任都盡了，才會覺得肩頭輕鬆、心情輕快。
* 「重要且不緊急」的事情，就是最優先要處理的事情。
* 無法按照預訂的「每日行程表」進行，多半因為高估自己的專注力與效率。

＊借助「計時器」可強迫自己在一小段時間內集中精神。
＊固定瀏覽行事曆，除了不忘事，做完「待辦事項」外，更可自我檢討與調整。
＊自覺「完全沒有時間」，其實還有「零碎時間」
＊活化腦力與體力，才是提升工作與學習成績的關鍵。

我的創意與實驗——試試看！為自己「量身訂做」的「時間管理術」

1.
2.
3.

第7章

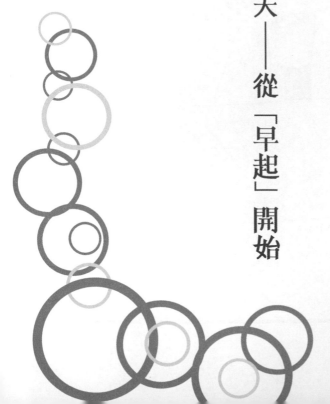

高效能的一天——從「早起」開始

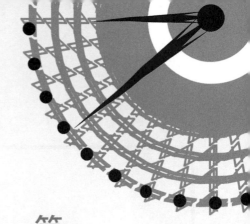

Am
5:30
晨跑～
News
今日規畫

〈生命轉彎處〉

你是否覺得「早睡早起」根本是不可能的任務，是老人家的專利吧？而且太早上床怎睡得著？為了「早起」而沒睡飽，結果一整天沒精神、什麼事也做不好，還不如睡個飽比較划算吧！

也許到目前為止，「晚睡晚起」對你還沒造成什麼負面影響，但真是如此嗎？你不曾嚮往「早睡早起」、更有精神的生活嗎？你一定聽過成功人士早起的故事，他們的時間似乎比別人多，工作或讀書的效率特別高。

早起可以運動、吃早餐、閱讀……，做許多一直想做卻沒做的事。晨間是自己的專屬時光，可以安靜的獨處、獨享。早起既然有這麼多好處，為何大多數人卻不能早起呢？

我本以為「不能」勸大學生「不要熬夜」，因為他們自以為年輕、體力無限。最近我的想法變了，因為自己年輕時也熬夜，弄得早上賴床而誤事，吃足了苦頭。現在的大學生熬夜情況更嚴重，上課時常趴著睡覺或欲振乏力。年輕的身體、寶貴的腦力與鬥志，均受到殘害。生理時鐘被破壞之後，可能導致失眠甚至憂鬱症。

我希望大學生能擺脫熬夜的危害，最好的方法莫過於「早睡早起」。我也是最近才「真正」化口號為行動而積極學習「早睡早起」。我的標準是晚上十點睡覺、早上五點起床，目前已做到晚上十一點睡、早上六點起床；雖尚未完全成功，但比從前好多了。睡不好時也不會再賴床或補眠，假日也不會睡到日上三竿，只比平日晚一小時即自然醒來；整體的精神與活力狀態都比從前好得多。

熬夜效果不好以及早起的高效能，在我撰寫教授升等論文時得到充分印證。民國八十五年我寫教授升等論文，當時正是生活最忙亂的時候。白天在文化大學擔任學生輔導中心主任，晚上要照顧幼稚園階段的女兒及督促國中階段的兒子讀書，還要南北奔波探望在高雄住加護病房的父親。三代同堂的公公也在此時住院，年長的婆婆無力照顧，先生又是職業軍人（在高雄），所以我下班後得先去醫院看看，夜裡另請看護。聽到這兒，任誰都能感受到我的心力交瘁吧！

但，我仍決定繼續撰寫升等論文，要如何找到時間寫論文呢？若想每天有三小時寫作，可以選擇的時段有三：

1. 第一時段：女兒睡覺後，晚上十點至凌晨一點。
2. 第二時段：先跟女兒一起睡，凌晨一點起床寫到四點再回去睡。
3. 第三時段：晚上九點先跟女兒一起睡，凌晨四點起床寫論文到上班前。

這三個時段其實都有困難，但若不做選擇，「教授升等」的夢想一定落空。剛開始我選擇第一時段，也就是熬夜，結果因為白天非常疲憊，熬夜寫作也是腦力不濟、事倍功半，不得不放棄。

接著我選擇第二時段，如大家所料，熟睡後要再爬起來，再有「毅力」的人也會失敗。

第三個時段我最初沒有想到，是一位法師朋友憐惜我熬夜傷身或睡眠不足，要我改為早睡早起，結果這個時段最為可行。

我採取這個方法之外，白天也搜集「零碎時間」，也許只有五分鐘、十分鐘，最長不過半小時，只要一有空就寫論文。一天下來少則一小時，多的時候甚至可搜集到三、四個小時。這些「迷你時間」稍縱即逝，所以更要分外珍惜。

如何節省時間？

我們都希望「一天大於二十四小時」，每天可多出一、兩個小時來運用。有沒有訣竅？有！也不算特別的方法，只要改掉日復一日的錯誤——浪費時間，時間自然「變多」啦！

一、浪費時間的因素分析

許多事情消耗大量的時間，若能及早「警覺」與「喊停」，就能挽回寶貴的時間。主要分「個人」與「團體」兩類因素，團體部分待下一章〈創造貴人——感謝對手、團隊合作〉探討，本章先找出浪費時間的「個人因素」。

1.優柔寡斷

不能果斷做決定或不知如何選擇，反覆不定、朝令夕改，自然比立即判斷與行動耗費更多時間。這種優柔寡斷的個性或習慣，是缺乏自信或魄力的象徵。有時「當局者迷」，以為這代表思考周密；但有時當事人也為自己的遲疑不決，感到相當痛苦與困惑。

2. 不懂得拒絕

不懂得拒絕的結果是經常承擔別人的工作，不管是否樂意，久之都覺得不堪負荷。或明明想拒絕，第一時間內卻不敢開口，或輕易被對方說服。但花了許多時間與心力後，不僅沒有成就感，對方也未必真心感謝你，而你還會氣自己懦弱、沒自信。

3. 不信任或不放心別人

如果不信任或不放心把事情交給別人做，就會把大多數事情攬在自己身上；甚至在別人做過之後再重做一次。結果你變成事情最多的那一個，不再有時間做自己想做的事。

4. 不懂得使用工具

以烹飪來說，電鍋、快鍋、燉鍋都是省時省力的好幫手。依此類推，不論網路科技或是實體物品，善用工具就能節省許多時間。雖然可能要付出較高價格，但若捨不得「投資」，長遠來看還是虧損。

5. 沉溺於負面情緒

若覺得自己不如人或受人歧視、欺負，一直活在比較、競爭、自卑、冤枉、委屈、憤怒、悲傷等負面情緒當中，將耗掉我們無數的時間及精力。過去的挫敗或創傷若久久無法釋懷，心理陰影將導致自我退縮（「一朝被蛇咬，十年怕錦繩」），也會妨礙我們前進的腳步，不能把握眼前的幸福。

6. 效率不佳

體力、腦力、活力、熱情都難以為繼的情況下，繼續撐著工作或學習，固然精神可嘉，但只是累積辛苦而已。不僅可能徒勞無功，也無法享受工作、享受人生。時間與效果並不成正比，經常連續工作或讀書十小時、超出體力與腦力的負荷，只會筋疲力竭，感受不到學習與工作的熱情。不如將十小時的工作，分散成十次來做，較為有效。

7. 網路世界、社群網站、手機 Line

網路成癮、FB、Line 等占據你多少時間？你是否被電腦或智慧型手機「綁架」了？不少人「上網」就失控，「離網」就焦慮，非得時時刻刻「掛網」不可。不但浪費很多時間，也難以專注在該做的事情上。

8. 一味「空想」卻無具體或系統行動

最常見的是想運動、減肥、增強英文能力，一直停留在「立志」與「偉大計畫」的階段，卻沒有具體的行動及成效。如此縱然有再好點子，沒有計畫及行動仍是空想，只會增加內疚感、挫了志氣。

其他浪費時間的地方還很多，如找東西（日常用品或重要的檔案資料）、閒聊、動作慢、坐不住、禁不起誘惑（別人相約出去玩）……。

二、學習節省時間

1. 取捨與果斷

要捨去的包括：自己很喜歡卻需要不少時間的事，如看連續劇、某些社交活動、某些工作或課業、別人的要求等。但千萬不要捨掉睡眠、運動、飲食，以及寶貴的親密關係（家人及好友之支持）。

2. 思考及嘗試更有效的方法

工作或學習要設法事半功倍、相得益彰、一舉兩得，情願浪費一些時間計畫及思考，抓到問題核心、有周延的準備，也不要「瞎忙」或做不必要的事。例如，自信不足的人會誤以為多做事、求表現才能贏得別人的尊重，結果雖然做了許多事，但因時間不足未能有令人驚豔的成果，反而遭致批評而使自尊下降。有自信的人只將時間放在少數重要的事情上，重質不重量、在精不在多，卻能使大家印象深刻。

3. 減少使用電腦和手機的時間

我們真的離不開電腦與手機嗎？如果你想要專心工作，就要「暫停」其中的社群網站，不要受其「宰制」。避免別人不斷打斷你、強迫你回覆、緊急找你等，使你應付不來而感到焦慮、挫折。儘可能「奪回」主導權，包括從別人手中以及避免自己繼續「沉淪」或「失控」。

4. 少說多做

說「大話」卻「不行動」，或所說的事不可能付諸行動，都很浪費時間。「不行動」就是「光說不練」、「華而不實」、「半調子」、「言過其實」，使人不敢信任你。還是「內斂」些較好，因為「真人不露相，露相非真人」。「不可能的行動」則是指不干自己的事，「多言無益」、「多管閒事」，當然不會有任何作為。

5. 先思考再做事

情願花些時間想清楚「要不要做？」或「如何做才有效？」也不要魯莽行事；以免因小失大，做了不必你做的事，而浪費大把時間。「謀定而後動」、

「胸有成竹」，才是正確的工作態度。

〈案例討論〉

一、案例：

請觀察自己一天的生活，你發現自己將時間「浪費」在何處？並與週遭的人請教與分享。

二、討論分享：

增加產值與產能

效果比效率重要，二者能得兼更好。千萬不要自滿地以為已經很有效率了，這恐怕是井底觀天、自我感覺良好。要從別人的觀點，如老師、老闆、顧客、對手的角度來自求改善、精益求精。以下為時間管理「增能」的基本原則：

一、做得「慢而對」、「少而好」、「齊頭並進」

1.不要一味求快，結果忙中有錯

開始太快，可能有些地方做錯而須更正、彌補，甚至白做而需重來。這種「應付式」的做事態度，無法從成功中累積經驗或精益求精。慢慢、好好地做一件事，會收「一舉數得」之效。不僅從中獲得精神報酬，做得好的部分還可「複製」到相關工作上，或將寶貴經驗與人分享。

2.掌握核心價值，才能長治久安

例如，「教學順利」的核心價值在於喚醒學生獨特的個人價值，以及讓學生體會到學習的價值。「做人順利」的核心價值在於多看別人的好處，以及向人虛心求教。不要只是「頭痛醫頭，腳痛醫腳」，任何事都要思慮周延、有遠見，不要走一步算一步、只看眼前。

3.同時處理幾件重要的工作

不要做完甲才做乙，於是做著甲的同時，卻掛心於乙、丙、丁等其他該做的事，一直擔心著事情太多、做不完。或為完成甲而用去太多時間，不僅耽誤其他事情的進度及品質，也會因壓力太大導致身心疾病。要改為甲、乙、丙、丁等事情同時進行、交錯著做，或以甲為主（占據較多時間），搭配其他事情輪流著做。

二、抓住時間進而創造時間

1.創造高效時間

通常上午比下午有精神，尤其清晨的效率最高，黃昏的狀況則較昏沉。許多人課業成績不理想，常被誤以為不用功，其實是未運用高效時間的緣故。他們也希望多花時間複習功課，但總是三分鐘熱度、動力不足。所以，他們需要找出自己的高效時間，來維持學習熱忱、創造學習成就。否則「力不從心」與「課業沒有起色」就成了惡性循環，削減僅存的志氣或鬥志。

2. 把握更多可運用的時間

如何把握時間，使自己的時間好像比別人多？首先要從「時段」入手，也就是將一天切割為多個「時段」，任何時段都可做事或學習。不管各個時段能把握住多少時間，累積起來也很有分量。

我自己的做法是將一天分為四個時段，設法在「高效時間」內專注工作，如：

第一時段——早起到出門工作前（早上五至八時）：我準備做個「晨型人」，所以從早上五點作為一天的開始。

第二時段——上午（上午九至十二時）：應該還在高效時間之內。

第三時段——下午（下午一至五時）：如果可以的話，在中午可安排半小時的休息，身心放鬆地躺下或靜坐，否則下午效率不高。

第四時段——晚餐後到上床睡覺前（晚上七至十時）：因為要早睡早起，所以晚上十點就要停止工作、準備睡覺。為了十一點前可以上床及較快入睡，睡前半小時不要再使用電腦或運動。

要了解及掌握自己的身心狀況，何時狀態最佳？何時較差？為什麼？如何改善？

3. 增強體力、活力、耐力及腦力

我最推薦早睡早起，它的好處多多，如擁有更多時間、更有自信、每天都有好的開始。養成運動、舒壓、休閒、閱讀、進修等好習慣，使自己有活水源頭，能「生生不息」、「源源不絕」。好好吃早餐，常吃快樂食物（如香蕉、堅果、深海魚、深色蔬菜、南瓜、蒜頭）

三、改變做事的程序與方式

改變工作程序，使之有效、省時、省力。將工作「分類」，以「類別」為單位，不要以事件或個案為單位。

1. 以電腦檔案的概念，將工作建立「資料夾」

將工作建立檔案，不僅較容易找到資料，而且「整體性」及「標準流程」可使同類工作之間收相輔相成、觸類旁通之效。例如，處理顧客問題時，要將問題「歸類」；下次遇到同類型問題，就可使用相同之處理模式或稍加修正。不但解決問題的速度更快，而且過程順暢、品質更好（顧客滿意）。

2. 採取彈性與兼顧的原則

不要將上下班或工作時間過度「僵化」，一到午休、下班、假日就將工作按鈕自動轉到"OFF"。這不僅會降低服務熱情、減少為別人（上司、同事、客戶）服務的時間，而且很難提升工作效能。因為你未先考慮如何有效工作或提前完工，而是先關注自己的權益。如果一到休息時間就「全面停擺」，再度開機會「暖身」太慢。

不論是個人或機構都要有些彈性，不要將工作或休息劃分得過於清楚。例如，建立午休或晚間的輪班制度，必要時利用下班時間與客戶聯絡，或在家中以電腦處理若干公事。為自己的考慮太多，就愈來愈不能體會顧客的需求，與顧客的關係將愈來愈淡薄。

3. 自訂工作（或學業）之截止期限

若能比別人要求的日期提前完成工作，除了能解除壓力使自己較輕鬆外，也能營造別人心目中有效率的「印象」。為了保持這良好的形象，「借力使力」能使自己將事情儘快做完並向對方回報。要養成「小事或可先處理之事，應儘快做完」的好習慣，所做的雖是較小的工作，但是成就感卻不見得小。若能儘快回覆上司或客戶的請託，除了可快速看到工作成果之外，也能讓別人「喜出望外」。

〈案例討論〉

一、案例：

根據你的經驗，你曾經遇過哪些商店或服務讓你覺得它們非常關心顧客的權益？又有哪些行為讓你覺得它們只把自己的方便放在顧客之前？請與週遭的人討論與分享。

二、討論分享：

早睡早起的價值與學習歷程

一般人都覺得早起很困難，就算勉強起來也因沒睡飽、很想打瞌睡，工作與學習效果不見得好。但熬夜工作的效果更不好，還可能「過勞死」，即青壯年的「猝死」。熬夜使身體及頭腦都得不到足夠的休息與修復，等到身體發出警訊通常為時已晚，如猛爆型肝炎、甲狀腺亢進或憂鬱症、躁鬱症。

熬夜會影響工作士氣與心情，例如，擔心睡過頭而耽誤上班、上課、開會、趕火車等正事。早上為了趕上班、上課，通常來不及吃早餐，長期下來營養不良、體力不濟。每天的心情過於緊繃之外，還會因遲到而感到沮喪！總之，熬夜工作或學習時體力及腦力均不足，工作自然事倍功半。結果事情做不完，只好又熬夜，形成惡性循環。

一、早睡早起的好處

「晨型人」是時間管理的新概念，是日本「早起心身醫學研究所」所長稅所弘的觀點。他認為一個人的未來決戰於早晨，早上六、七點起床只能算

早起安排報告進度不是比較好嗎？
老師要我來收報告
難怪……都沒看過你半夜趕報告……
早晨，不是用來補眠的！

「早起」，五點就起床才是「晨型人」。利用上班之前的兩、三個鐘頭，可為自己的人生開拓更多可能性。「比上班早起三小時」，是時間管理的重要成功指標。

成功人士大都有「早起」的習慣，如「經營之神」王永慶、推廣防癌保健的莊淑旂醫師、美國第一位黑人總統歐巴馬、英國首相柴契爾夫人、漫畫大師劉興欽。以劉興欽為例，他從年輕時就早起，他說（林昭彰，2013）：

一切順從自然就對了，日出而作，日入而息最健康。你看我快八十歲，沒有一顆蛀牙，連感冒都很少，就是最好印證。

劉興欽每天清晨五點起床，利用腦筋最清醒的上午讀書或創作，下午則從事體力勞務，讓腦袋休息；如年輕時他帶孩子去潛水、捕魚，中年以後則是種菜到下午三點然後洗澡休息。每天傍晚六點吃飯、晚上九點準時睡覺，絕不熬夜、從不加班，所以天天神清氣爽。

劉興欽是有大智慧的人，少年時代即已如此有規律地生活，並充分運用時間，創造有意義的人生。他是時間管理的楷模，他實踐了時間管理的精髓，如：

1.「日出而作，日入而息」：遵守自然法則，不破壞「生理時鐘」。

2.「生活作息規律」：規律才能養成習慣，「習慣成自然」。

3.「早睡早起」：以最好的睡眠時段獲得最高的睡眠品質，一生都擁有好腦力及好體力。

4.「交替進行動腦及動手」：上午從事腦力活動，下午從事體力活動。不使身體或頭腦過勞，讓腦力及體力各有發揮。

5.「絕不熬夜、加班」：唯有「不透支」體力及心力，才能「細水長流」，一直保持生產力。

6.「保持神清氣爽」：睡眠充足、工作有效率、充分休閒運動，才能清醒而平衡地生活，不會無精打采、有氣無力而渾渾噩噩地虛度光陰。

大家都知道「早睡早起」這項自然法則，實際做到的比率卻不高。我一直努力去做，目前已可在早上六點自動醒來，不再賴床。早起的好處多多：

1. 擁有好體力及腦力

因為睡眠充足，且睡眠品質好，所以體力及腦力都能增強。

2. 時間變多

許多人抱怨「沒時間」，若能夠早起，就比別人多出不少時間。

3. 更有自信

一旦「早起」成了習慣，時間一到就會睜開眼睛。上課、上班或出差，就不擔心出錯。即使前一天較疲累，第二天一樣起得來，不會想要「補眠」，只要當天晚上早些上床即可。

4. 每天都有好的開始

早起可使你不會匆忙、不怕遲到，做完所有「重要的事」，如吃早餐、看報紙、上大號。早上七點以前要排便，有助提升自癒力。自癒力是人體自然產生的修復機能，自癒力與新陳代謝的快慢有關。排便不但是人體排毒的管道，也是新陳代謝的重要途徑。若健康已亮紅燈，更要養成良好的排便習慣，一天兩、三次也很正常，這是改善身體狀況的重要關鍵。

不少父母抱怨小孩有「起床氣」，是因為父母自己也晚起，於是一路催促小孩動作「快點」。不僅早餐「隨便」，父母還會將自己上班快遲到的責任推到小孩頭上，怪不得被冤枉的小孩「愛生氣」。

擁有良好的睡眠、運動與排泄習慣，體力及腦力才能穩定，工作效能也愈高。「留得青山在，不怕沒柴燒」，若老是頭痛、疲倦、腰痠背痛、容易生病，縱有雄心壯志、雄才大略，也會力不從心而「雷聲大，雨點小」。

二、早睡早起的學習歷程

睡眠不足自然爬不起來，如何做到「睡到自然醒」？須從根本改善，即調整作息。不欠睡眠債，才能打破焦躁與疲累的惡性循環。超過三十歲以後，更該告別「夜型社會」，向「晨型人」邁進。

剛開始不必同時做到「早睡」及「早起」，可從「固定起床時間」開始。試著比平常早起半個小時，有了成效後再提前一些。辛苦之處不僅在於較早起床，還因為睡眠不足而很想補眠。但若補眠，可能睡得過多，到了晚上又睡不著。所以要儘量忍住，熬過一段時間之後，就能早睡早起了。

生理時鐘會提醒你睡眠不足、要早點睡，所以能較早起床之後，開始練習較早上床。先從比平常提早半小時做起，有了成效後再提前一些。最終調整到你理想的上床、起床時間，而且睡到身體需要的時數。

「早睡」及「早起」的學習歷程，不如想像中容易。千萬不要心急，兩、三個月不足以成功，至少要練習半年至一年。若連續幾天又是晚睡晚起，則一切又得重頭來過。

一樣是睡七至八小時，選擇什麼時段睡，意義和效果卻大不同。較好的時段是晚上十一點以前睡覺、早晨六點以前起床，能更早上床及起床更佳。若超過晚上十一點睡，第二天就會晚起。若凌晨一、二點才睡，起床時間就會變成九、十點，一個上午等於報銷。若整夜不睡、晝夜顛倒，後果更不堪設想。

想要一夜好眠，下列七件是睡前不該做的事（曾慧雯，2012）：

1. 看電視、電腦或玩手機。
2. 洗完熱水澡馬上睡覺。
3. 劇烈運動。

4. 吃消夜。
5. 喝酒助眠。
6. 躺在床上計畫事情。
7. 睡不著仍躺在床上。

台灣睡眠醫學學會於二〇一三年針對十五至五十九歲的民眾調查，發現每五人即有一人「失眠」。這是指三十分鐘內無法入睡、比預定時間早醒、半夜醒來不易入睡，三者中有任一種且一周內有三次以上即是失眠。43% 的失眠者睡前有躺在床上看電視的習慣，也包括閱讀及玩手機。

早上按時起床可加強生理時鐘週期的穩定，使你能按時入睡。規律的作息，對睡眠有很大的幫助。規律的睡眠型態，較能持久改善睡眠品質。所以，要找出自己最適量的睡眠時數，每晚都睡得一樣長。若前一天睡得較長，即會造成第二天難以入睡。長遠來看，寧願睡得少也不要貪睡。

午飯後不可立即睡覺，可能引起食物反流，使胃液刺激食道。午睡應在午飯後二十分鐘左右較好，時間不宜超過一小時。睡多了會進入深度睡眠狀態，醒來後感到更加睏倦。午睡最好到床上或沙發上睡，或在地上鋪個瑜伽墊或健身墊，採取右側臥位。坐著或趴在桌上睡覺會壓迫身體，影響血液循環和神經傳導，輕則使身體不能得到調劑與休息，嚴重時可能導致頸椎病和腰椎間盤突出。午睡不規則也會攪亂生理時鐘，影響睡眠的規律性。

三、維持最佳的體力及心力

多數人需要七至八小時睡眠，才能保持最佳的身心狀態。睡眠不足對身體機能有負面影響。睡眠不足時新陳代謝減緩，若未增加運動或減少攝取卡路里來抗衡，可能使體重在一年內增加四公斤。每晚睡不到六小時的人，罹患心血管疾病和中風的風險均增高。

劉輝雄建議（楊欣潔，2012），自己就是最好的醫師；要避免慢性病上身，應養成七種健康習慣，包括不抽菸、不酗酒、規律運動、保持適當體重、充足睡眠、每天吃早餐、不吃額外的點心。劉輝雄說，若早上沒有進食，身體血糖會偏低。中餐吃過多，會讓血糖飆高、變胖，長期下來不利健康。

國人十大死因中，六成與生活習慣不良有關。衛福部部長邱文達說，慢性病是國人的主要死因，如心血管疾病、糖尿病、癌症、腎臟病等；只要養成良好生活習慣，慢性病是可以預防的。

一九九六年日本厚生省將過去稱為成人病或文明病者，重新更名為「生活習慣病」。生活習慣的改變使身體無法適應，以往中老年人才出現的疾病，如今也出現在年輕人身上，包括癌症、心臟病、肝病、糖尿病、腦血管疾病、高血壓、肥胖、骨質疏鬆、牙周病等，這些都是長期不良的飲食習慣、運動習慣、吸煙、飲酒與睡眠習慣所造成。這些壞習慣侵犯人體時進行緩慢，一旦身體感覺不對勁往往為時已晚，也影響復原能力。

睡眠不足，會影響記憶力、學習力、創造力、生產力、情緒穩定。睡覺時，新的學習和記憶路徑會在腦內編碼，這些路徑要發揮最佳功能，需要充足的睡眠。伴隨老化而來的認知能力下滑，一部分可能是長期睡不好所致。但有些人卻非如此，愛迪生七十五歲仍天天到實驗室工作，八十一歲取得第一千零三十三項專利。記者問他何時退休，他說：「活到現在，從來沒有考慮過呢！」他活了八十五歲，共有一千三百二十八項專利登記。愛迪生的工作目標是「每十天發明一樣小東西，每六個月發明一樣大東西。」

武俠小說大師金庸，曾任浙江大學人文學院院長及終身教授，二〇〇五年劍橋大學授予他榮譽文學博士名銜。八十一歲時他去英國劍橋大學攻讀歷史學碩士、博士學位（二〇一〇年獲劍橋大學哲學博士）。二〇一三年又取得北京大學中文系博士學位，當時已快九十歲。

除了睡眠，運動及休閒也是維持體力及腦力的必要條件。下午三至六點是人體生理週期最適宜運動的黃金時間，因為此時體溫最高、肌肉最柔軟。不過健康專家覺得，不用斤斤計較體溫的差別，重要的是抓緊你能調配的時間去運動。如果運動是為了舒壓，任何時間都可從事舒緩的運動。但太靠近睡覺時運動，可能會因興奮而不易入睡。

找出自己最能運動的時段，讓運動成為一種習慣。可以嘗試在一天的各個時段運動，再考慮什麼時候你最喜歡、感覺最好？以我來說，是晚間八點左右，配合音樂練半小時「太極拳」。

一直讀書或工作而不敢休息的人，表面效度很高，內在卻非常痛苦、疲憊。若能好好玩樂、開懷大笑，以「享受」的心境面對工作或讀書，效率一定更高。

細心觀察自己的體能與精神狀況，不佳的原因何在？如睡眠不足、營養不良、運動不夠、心情不好、壓力太大、過勞、感冒……，甚至是慢性疾病。應儘早改善，以免後悔莫及。

〈案例討論〉

一、案例：

從小到大，你的父母對運動及休閒的觀念為何？你自己的運動及休閒方式如何？並與週遭的人請教與分享。

二、討論分享：

整理與組織

亂彈阿翔的得獎歌曲「完美落地」當中有句歌詞：「忘了吧！混亂的事不再提。放了吧！把心思變唯一。」你覺得自己的生活混亂嗎？為什麼？讓我們從「看得見的混亂」說起：

一、堆積、脫序的損失

你是否發覺自己的書桌、抽屜、櫃子，塞得好滿而且愈堆愈多！這樣正常嗎？習慣了就沒關係嗎？

東西太多會讓人產生「錯覺」，以為要做的事也很多；除了無形的壓力之外，也會擔心是否漏掉重要的事。但事情真的很多嗎？這倒未必！也許只是東西或文件不整理或不知從何整理，以致工作與生活「脫序」。

你的桌上是否擺滿文件、作業、書籍、雜物？滿到幾乎看不見桌面。抽屜、櫃子、衣櫥是否也很滿？門口是否亂放著鞋子、雨傘？別人提醒或你自己也感覺「夠亂了」！為什麼任由它們占去你的空間？使房間擁擠得只剩走

Before
After
至少要整理成這樣才不怕找不到東西啊
咦咦我的辦公桌!!!

道，床上只容得下一個躺下去的身形，連走路都處處受阻。你喜歡這樣的工作或生活環境嗎？你可能會說：

「才整理過的！怎麼又亂了？」

「這不算什麼，比我亂的人很多！」

「我是亂中有序，擺得太整齊反而找不到東西！」

「不亂啊！我覺得蠻好的！」

積壓事情就像在冰箱裡堆放食品，有些逼近保存期限，有些早就「過期」。工作區域或生活空間雜亂無章、擁擠不堪，有何損失或後遺症呢？

1. 影響心情

東西紊亂時，不由得會緊張、煩躁、擔心、害怕、不耐煩、壓力大、喘不過氣。在亂糟糟的環境裡，心情很難開朗！

2. 感到疲憊、倦怠

東西紊亂會以為自己很忙、很可憐，被壓得喘不過氣來。還沒開始工作或沒做多少，就會覺得疲憊甚至厭倦。

3. 容易分心

身邊的雜物似乎在提醒自己「快來工作」、「快點清理」，以致無法專注眼前的工作。會掙扎及猶豫：「到底要不要放下手邊的工作，先去處理桌上堆積如山的事情？」

4. 助長逃避傾向

看到事情很多時，會因做完一定很難而想逃避。不僅是逃避工作，也逃避心中的厭惡感、罪惡感、恐懼感。然而堆積與脫序變成了隱形「捕快」，追得你四處流竄、躲藏。

5. 給人無效率、不可靠的感覺

別人看到你常常在亂成一團的雜物裡找東西，很難相信你會是個有效率、能賦予重任的專業人士。

二、收納與清理的好處

須收納與整理的不僅是有形的物品，也包括虛擬的網路與電腦世界。收納、整理的好處很多，如專注及高效（消除干擾）、放鬆與掌控（很容易找到需要的東西）、更有成就（尹志豪，2009，頁137）。

平時就要養成收納的好習慣，而不是先亂放，等一段時間後才一起整理。要養成整齊的習慣則須規律地做到下列事項，如每天都清空E-mail、整理隨身皮包或提袋、清理桌面物品或文件，每周打掃環境一次，每半年（或換季時）「大掃除」一次（包含衣服、書報雜誌、雜物的出清）。整理收納的功效如下：

1. 增強組織能力

組織力可使學習事半功倍，組織力不全是天生的，可以靠後天練習與學習。整理東西能增強組織能力，東西整理得愈好，組織能力隨之愈強。將文件歸檔、分類，包括以文具來保存或建立電腦檔案，才便於搜索，不會忘記重要的事情。

2. 除舊布新、改變形象

整理包括清除無用之物，使環境開闊，可用空間變大。從整理環境當中可培養清楚的頭腦，清爽的環境也代表你清楚的思緒。如此即可從容優雅，建立良好的自我形象。

3. 舒壓、提升正面心情

整理東西或文件，等於是整理自己的腦子與心情，「發現」自己在逃避什麼或畏懼什麼。整理也是強迫自己面對現實，排出事情的輕重緩急。弄清楚自己有哪些待辦事項，把握期限儘快完成，才會覺得「無事一身輕」。環境清爽後，進而會想美化、綠化，使你更喜歡在這個空間工作、學習或閱讀。

4. 增加專注力及效率

以「凡走過必留下乾淨」為最高指導原則，養成「整潔」及「有效率」的好習慣。「整潔」是為了「效率」，注重「效率」者必然「整潔」，彼此相輔相成。

三、辦公桌或書桌的整理

「打造」你的辦公空間，不論它有多大。只要不違反公司規定或妨礙別人，把它營造成溫馨、安心的地方。使自己更專心、有效率地工作，也成為同事、客戶樂於「拜訪」的園地。

以辦公桌而言，除了依公司規定美化及綠化外，其他都應該「淨空」。桌面只放今天要完成的工作，即所謂A計畫，其他都放在檔案夾或檔案櫃中。收到公文及文件應立即依緊急程度分類，不要有「再看看」、「以後再說」這種灰色地帶的想法。需要做的事即使不喜歡也得完成，不需要做的事若可「拒絕」則不要猶豫。

書桌是自己的空間，可採個人喜歡的風格來布置。基本原則仍是「淨空」與「簡化」，不必要的東西儘量清除，留下的物品依照「有秩序」及「便於使用」的方式擺放；抽屜或書櫃的整理原則亦然。

在家裡也需要一個辦公空間，組織整理專家雷吉娜・李茲（Regina Leeds）認為（胡琦君譯，2010，頁267–268），不論是受雇者、自由工作者、家庭主婦，都可以擁有家庭辦公室，其用途為：「完成公司沒做完的公事，或把它當成你自營事業的辦公室。即使身為一個家庭主婦（夫），也可單純只想用這塊空間記帳和處理家務。」

家裡除了客廳、餐廳、書房，還可規劃一個家庭辦公室。雷吉娜・李茲說：「你或許會花很多時間待在家庭辦公室裡，因此把它布置成美感與實用兼具的空間，變得十分重要。」

在家中布置一個屬於自己的角落，或在外面選一個不錯的咖啡廳或祕密基地，都可讓心靈更清澈。其他如衣櫥或儲藏室、隨身公事包或皮包、電子信箱與其他社群網站的整理，也都有同等的效應。

〈案例討論〉

一、案例：

你的收納與整理能力如何？為什麼？想要改善或精益求精嗎？並與週遭的人請教與分享。

二、討論分享：

本章貼心叮嚀——你該開始的「時間管理」練習

* 優柔寡斷的個性或習慣，是缺乏自信或魄力的象徵。
* 有自信的人，只將時間放在少數重要的事情上，重質不重量、在精不在多。
* 「謀定而後動」、「胸有成竹」，才是正確的工作態度。
* 不管各個時段能把握住多少時間，一天累積起來也很有份量。
* 養成「小事或可先處理之事，應儘快做完」的好習慣。
* 早上六、七點起床，只能算「早起」；五點就起床，才是「晨型人」。
* 擁有良好的睡眠、運動與排泄，才能擁有足夠的體力及腦力。
* 「早睡」及「早起」的學習歷程，至少要練習半年至一年才會真正成功。
* 睡眠不足，會影響記憶力、學習力、創造力、生產力、情緒穩定。
* 若能好好玩樂、開懷大笑，除了效率更高，也能「享受」工作或讀書。
* 以「凡走過必留下乾淨」為原則，就能養成「整潔」及「有效率」的

習慣。

＊你或許花很多時間在家庭辦公室裡，因此把它布置成美感與實用兼具的空間吧。

我的創意與實驗——試試看！為自己「量身訂做」的「時間管理術」

1.

2.

3.

第8章

創造貴人——感謝對手、團隊合作

目標
大一新生
我的時間跟能力要怎麼用
還是請人生前輩指導一下
再詳細規劃吧！
時間
能力
能力
時間

〈生命轉彎處〉

你是否覺得有些人好厲害，既能幹又有才氣，做起事來輕輕鬆鬆，效果卻出奇得好。

你可以討厭他、嫉妒他、躲開他，或假裝不在乎他；但也可以「選擇」不同的態度，向他請教，爭取跟他一起工作的機會，觀摩他的工作技巧。即使他不太理會或重視你，仍可厚著臉皮跟隨他。

當你衡量不同的態度將導致不同的結果時，應該會有明智的選擇，更樂於向他學習、借力使力。即使你們私底下無法成為好友，至少不是敵人，仍可「共創」工作或學習的高績效。

有一次，我去羅東的國華國中為老師演講，原訂下午一點半開始，我卻到了兩點才抵達。遲到的理由不是塞車、迷路或突然改變行程去遊山玩水，而是開車通過國道五號彭山隧道時，突然對於長長的隧道產生「幽閉壓力」，覺得心情不安、身體不適。於是，我在進入雪山隧道前「毅然決然」從坪林交流道開下匝道，改走「九彎十八拐」的北宜公路。因為路途遠多了，所以才遲到。

演講結束時，幾位老師特別前來關心：「待會兒你要怎麼回去？還是走北宜公路嗎？到家可能太晚了！」他們的眼神及聲音令我備感溫馨。有位男老師還說：「你有沒有想過克服這個心理障礙？我從前也有類似的問題，用一個簡單的方法就克服了。進入隧道後，心中開始倒數 100、99、98……；轉移注意，緊張自然消失。你可以試試！」

帶著他們的關心與鼓勵，我產生了「勇氣」，回程時毫不猶豫地開上了國道五號。進入雪山隧道後，我在心中倒數 100、99、98……。「奇蹟」真的發生了，我的心情漸漸平靜下來；第三次倒數還未結束已開出隧道，心裡感到無比喜悅。

只要不逞強、不怕嘲笑，誠實地向別人說出自己的困難，就有機會得到貴人相助。這樣的貴人，是我們創造出來的。不熟識的人都可以成為貴人，何況是一直陪在我們身邊的親人、好友、師長。有困難時向他們請教或求助，他們都很樂意幫助你。不必因膽怯或怕丟臉而不求助，以致淪入自我可憐甚而自暴自棄的處境。若因不求助而出事了，師長、親友一定感到萬分遺憾。

為什麼要建立好人緣？因為人緣愈好，貴人愈多。國中時我曾問父親一個很幼稚的問題：「我和王玉蘭（同班好友），誰比較漂亮？」我當然知道王玉蘭比較漂亮，但仍希望爸爸善意地欺騙我。爸爸卻說：「王玉蘭比你漂亮！你是中下之姿，所以要加強人緣，才會有貴人相助。」謝謝父親的老實話，從此我特別注意人際關係，常與人互動、多向人請教。因此我得到老師、同學、學長、朋友的幫助也特別多，若不是他們耐心與熱心地教導我，我不可能那麼有信心地展現自己。

人際關係要如何建立與增進？即使最親近的親子關係，也需要努力經營。記得女兒讀小學時，楊進成校長推行一項有「大智慧」的措施，他請求家長協助，不要讓小朋友帶早餐進教室吃。那時我開車送女兒上學，我要女兒先在校外早餐店吃完再進學校。但仍擔心她懶得坐在店裡吃早餐或把早餐費移做他用，例如到學校旁的雜貨店玩電動遊戲。所以我毅然決定每天陪她吃早餐，進而每天陪她走路上學（單趟至少半小時），如此「一舉三得」：吃早餐、運動、增進親子關係。

建立人脈、創造貴人

「貴人」為什麼那麼重要？因為他們擁有我們所欠缺的經驗、技能、人脈、眼光、修養……。「三人行必有我師」、「當局者迷，旁觀者清」，只要我們肯多問、多聽，貴人就能為我們指點迷津。使我們不再走錯路，更有勇氣與決心撐下去或從谷底爬升。

「貴人」與「人脈」(Networking) 相同嗎？當我們需要有人支持與協助時，貴人就會出現嗎？

其實，我們身邊的親人、朋友、人生導師、工作夥伴，以及透過網際網路或其他非「面對面」形式認識的人，都「可能」是我們的人脈。但若只是交換名片，沒有進一步互動，就無法「建立」關係。當我們需要「貴人」相助時，就會因人脈不足而不能如願。所以，平時要好好「經營」人脈，包括：

1. 擴大人脈範圍：設法結交不同背景、產業和興趣的朋友。
2. 後續聯絡：第一次見面後應規劃之後的聯絡方式，如電話、信件與賀卡。

3. 立刻回覆：未接到的電話或收到電子郵件時，應儘快回撥與回覆。
4. 定期相聚：應固定時間與親人、同學、朋友「面對面」的聚餐。
5. 主動關心：平時要主動關心及盡力幫助你的人脈。

只要你「懂得珍惜」及「主動開創」人脈，貴人一直都在。如歌手張惠妹演唱的「後知後覺」（張雨生作詞作曲），是為了感謝她一生最重要的貴人——張雨生。

你給我安慰，我不致頹廢。你寬容慈悲，我能振翅高飛。

要感謝你身邊的貴人，因為他們的陪伴、督促、示範、建議、激勵……，才使你充滿自信、重新振作！

一、家人是你的當然貴人

1. 父母的影響

父母是你的「第一貴人」，歌手周杰倫就很懂這個道理。他知道單親母親為他的犧牲與付出有多大，所以提醒大家「聽媽媽的話」。另外，鍾肇政的小說《魯冰花》改編為同名電影的插曲「魯冰花」，歌詞中：「夜夜想起媽媽的話，媽媽的心啊魯冰花」。雖然媽媽不在身旁，孩子還是會因想起媽媽的話而得到慰藉、產生力量。媽媽的偉大就像茶園裡的魯冰花，是滋養茶樹的肥料，母親則是滋養孩子成長的養分。

我自己在單親家庭中成長，因為家境清貧，單親爸爸無法供應我們足夠的物質生活。但他花了許多時間與子女談話，給我們安慰與鼓勵，讓我們精神上很富足。我讀大學後，他兩三天就寫了一封「厚厚的」家書給我；其中的關懷與智慧，讓我一生受用不盡。

2.手足的扶持

手足不只是陪伴你長大的好夥伴，也是你永遠的啦啦隊及救火隊。朋友會離開你，手足絕不會。朋友沒辦法照顧你衣食，手足絕不會見你挨餓。父母有時不免會比較手足間的差異，但這種差異長大後卻成為相互支持的有利條件（可以截長補短）。隨著手足各自建立家庭後，我們擁有更多親戚，擴大了血濃於水的人脈。因為中華文化的「五倫」關係（夫妻、父子、兄弟、君臣、朋友），所以手足是很獨特的貴人與人脈。

二、在學時期的貴人

1. 老　師

所有人際關係中，老師是最無私奉獻的一種（即使父母口口聲聲不求回報，仍不免覺得孩子應該感恩）。老師啟發你的潛能與興趣，老師的身教影響你的人格發展，老師的關心及開導陪你走過苦澀的人生低潮……。我們一生會遇到各式各樣的老師，他們的付出不求回報，甚至不知道在某些時刻對你的幫助有多大。

2. 同學及學長姐

同儕之間可以見賢思齊、志同道合、相互切磋、帶領成長（經驗或能力傳承）……，使我們的學習更有效，更快達到甚至能超越原先預設的目標。同學或學長姐隨時在我們身邊，而且沒有身分的差距，所以對我們的幫助會更直接、更大量。

3. 社團及同好

參加社團的好處很多，可以學習領導與被領導、策劃與推動活動，還可認識外系及外校的老師及同學、專業領域的名人等，增長見聞、拓展胸襟，甚至可以一同創業（例如搖滾天團五月天）。所以不論在學期間或出社會後，都要持續參加社團而且擔任幹部。多幫助別人，會得到別人更多的回饋。

其他在學校可以認識的貴人還有：專題演講的講座、參加比賽的選手、成為交換學生時的國際友人、系友、校友、室友……。要好好把握喔！即使是室友，也是難得的緣分，不要漠不關心。

三、職場上的貴人

1. 曾跟過的上司

不論怎樣的上司都有值得學習的地方，只要你能多看他的優點，虛心接受他的指導與提醒（除非是犯罪行為）。即使主管的缺點很明顯，也可趁機自我提醒，不犯同樣的錯誤。或者其實是自己「見少識淺」，誤解了主管的用心。所以，不要隨便討厭上司或不與主管配合，如果他不肯指導你則自己「虧大了」。職場上若注重「人和」，誠懇待人、樂於助人，長官不僅會提拔及協助你；即使你離開原本的工作崗位，他仍會繼續關懷與指導你，成為你永遠的朋友。

2. 曾共事的同仁

同事間互相支持（包括實質與精神兩部分），會使工作士氣與工作成效大增，節省許多時間。不僅在同事請你幫助時伸出援手，若能主動關心與協助對方，他一定會更加感謝與回報你。你為別人省時省力，他也願意為你省時省力。於是，工作上會因人脈增加而壓力大減，時間及體力也不會過度消耗。

3. 曾合作的廠商與客戶

曾合作或接觸過的廠商也是我們的夥伴，若能給對方留下好印象，日後再度合作會因默契及信任而更加順暢與相得益彰。客戶更絕對是我們的貴人，誠實與誠懇的服務不僅可留住老客戶，還會因「好口碑」而創造新客戶。反之，不用心服務則會流失客戶，使自己及企業的績效下降。

四、競爭的對手

所謂「對手」可能是「英雄惜英雄」，也可能是敵對的一方。你們的能力可能旗鼓相當，或他略勝你一籌甚至遠高於你。不管是哪一種對手，如果你能與他競爭（明裡暗地均可）或合作，你的潛能與功力必能大增，這叫「遇強則強」、「借力使力」。

求學或工作期間，能力比我們強的人都是我們的競爭對手。「取法於上，僅得為中，取法於中，故為其下。」我們想進步得更快，就要與能力強的人一起工作，拿一流人才為準則，這樣我們至少還可能成為中等人才。若我們降低標準，只向中等人才學習，最後可能一事無成。要多和高效能的人一起共事，他們也許比較嚴厲或嚴謹，但趁此可改掉你粗枝大葉的習慣或差不多就好的心態。

直接參加競賽活動也是快速「見賢思齊」、「激發潛能」的捷徑，有時需要「毛遂自薦」或有些「不自量力」才敢參加比賽；但仍要勉勵自己「傻人有傻福」，以「愚公移山」的精神來感天動地。

〈案例討論〉

一、案例：你想感謝哪些貴人？請說出三個貴人，他們幫了你什麼？並與週遭的人請教與分享。

二、討論分享：

團隊力量與工作成效

從小開始，我們有許多機會學習與別人相處、合作，如家中的手足、鄰居或同學、課業或運動的分組夥伴、社團活動的組員等。這個「別人」不僅是兄弟姐妹或少數好朋友，也包括不熟悉但有共同目標的團隊成員。我們需要跟團隊在一起，因為其「相加」甚至「相乘」的效果。「好團隊」也是我們的貴人，但要如何遇到「團隊貴人」？

一、與「團隊貴人」相遇的「藏寶圖」

貴人不會「直接出現」在你眼前，必須要你「主動出擊」才有機會「相遇」。如課後多向老師、學長姐、同學請教，多徵詢別人的意見、與人合作等。尤其遇到特殊狀況、自知無力獨撐時，更要快點找到團隊貴人來分擔或一起解決問題。

例如，當年我與公婆同住，公公需要動腦部手術，加上自己的父親也重病住院，還有我的工作……。當時先生在高雄工作，我一人獨撐一個家，家中還有婆婆、國中的兒子、幼稚園的女兒。我若逞強而不求助則後果不堪設想；自己的身體、兒女的行為等都會出問題。我與丈夫溝通，積極表示我需要「家庭團隊」的支援。這個訊息剛開始像顆深水炸彈，使夫家的家族成員都受到震撼。因為公婆到臺北與我住了近十年，突然要改變，大家得好好「商量」。最後的決議是：公婆回臺南老家住，公公到奇美醫院動手術，丈夫每日臺南及高雄間通勤上班，晚上回家裡陪伴父母，周末再回臺北看我們。住臺南的大哥大嫂，則就近隨時幫忙照顧老人家。我一人在臺北工作及照顧兒女之外，還要與我的兄弟姐妹輪流排班回高雄照顧重病的父親。

「團隊貴人」也要主動尋找，可能相遇的路徑如下：

1. 在課堂擔任小老師或小組長

若願意擔任小老師或小組長（類似的還有教學助理、研究助理），透過你的付出或服務，有更多機會接觸老師、認識同學。你的認真、負責、貼心、創意等傑出表現，也容易被看到。使別人欣賞你、喜歡你，進而與你成為團隊。

2. 在社團擔任重要幹部

社團包括校內外，可分為專業性、休閒性、運動性、聯誼性等類別。擔任社團的重要幹部並協助舉辦活動，可以學習領導力與發揮影響力，建立自己的人脈。多認識社團中有共同志趣卻不同背景的人才，將來可能成為工作及人生的長期夥伴。

3. 擔任長期志工

志工雖是義務職，表面上沒有報酬，但實際上的收穫卻比付出要多。除了藉此認識各行各業的朋友之外，更可貴的是彼此志同道合，可以共同激發適合自己投入的「天職」。或因為志工的歷練而改變了原本不良的習性，解決了工作或家庭問題，增進工作與生活效能。

4. 多參加比賽、與人切磋技藝

這是提升自我能力最快速的方式，為了參加比賽，得在最短時間內快速地成長。比賽得獎固然好，但這不是主要目標，重要的是藉此而功力大增，且可增加未來就業的競爭力。大學時期我代表學校參加校際演講比賽，表面目的是為了獎金；但因為「演講」是我較可以發揮的能力，並可藉此學到更好的演講技能。尤其比賽時有各校菁英，仔細觀察他們的優點，設法融入我的演講中，不僅讓我當年能夠得獎，如今也能以演講作為第二專長。

5. 定期與朋友聯繫、聚會，關心及幫助他們

朋友可激勵及幫助我們，為我們解除煩惱、增加助力。但是一定要定期聯繫與聚會，否則友情就生疏、淡薄了。這部分的經營雖需要花時間，但一定值得。當你有困難而需要朋友協助時，就能省去許多時間。因為許多事情你可能做不到，對他們而言卻輕而易舉；許多事情對你很陌生，但對他們而言卻如家常便飯。

6. 共組讀書會，一起達成目標

想要早睡早起、養成運動習慣、準備重要考試，可以和朋友一起努力。「獨學而無友，則孤陋而寡聞」，一個人的學習效果遠不如幾個人一起腦力激盪、互相激勵的團體動力。但切記保持謙虛及好學的態度，否則別人就不願跟你一起努力。

二、有效的溝通、集思廣益、團結之美

在學校、職場或家庭都要與人建立默契，以免溝通不良而浪費時間。有時還要搞定難纏的人物，以免增加阻力、影響心情或士氣。巧妙地應付他們無理的要求，但不要因此形成壓力或憂鬱情緒。

1. 預防及化解「人際不和」

「人際不和」會浪費很多時間，直接的影響就是無法團隊合作，要花許

多時間來化解歧異、建立共識。間接的影響則是心中會「不時想起」這些不愉快，於是得「找人傾訴」，紓解因人際紛爭或被冤枉所造成的痛苦。一旦士氣遭到打擊、熱忱降低，工作或學習效率自然跟著變差，要花費更多的時間來工作或學習。

2. 授權與激發潛能

不論你是上司或工作夥伴，若總覺得別人做得不好，就會把太多事情往自己身上攬甚至幫別人重做。別人不但不會感謝你，還會生氣你擅自主張或看不起別人，甚至索性不再參與團隊而把工作統統丟給你。韓非子說：「上君盡人之智，中君盡人之力，下君盡己之能。」不能信任下屬的上司，是效果最差的領導者。如果能欣賞及激勵別人，大家各自發揮所長，才能使事情做得又快又好。為了共同目標而努力，才會建立情感、合作愉快。

3. 提前規劃、減少臨時交辦

團隊一起工作，應將工作進度大幅提前。也就是提前開始與提前完成，預留更寬的緩衝時間，才不致因個別成員的耽誤而造成團體工作的延宕。許多原本可提前完成的事，因延宕就變成「臨時交辦事件」，使大家不得不催逼別人，加重別人的工作負擔，也破壞工作團隊的氣氛與情感。所以規劃工作期程時要多為上司及工作夥伴著想，儘量提前開始，才可能較從容地如期完成。

4.有效的團體決議

某些會議非開不可嗎？能否減少開會次數？如何增加開會效率？如限制發言時間、減少參加會議的人員、簡化開會流程（先寄報告事項之文字檔給與會者，屆時就不用再讀一遍）。開會時間不可太長，應把握準時開始與準時結束的原則。團體做決議時避免討論太久，甚至「翻案」重新再來，所浪費的時間累積起來相當可觀。

5.電話、電子信件、社群網站的效率

同性質的工作儘量「集中」一起做，如打電話、開會、接見或拜訪客戶。每次電話、開會、見面都要「預定」結束時間，或運用技巧有效地結束（如幾點要參加會議、老闆找我、先做結論等）。其他如使用電子信函或社群網站聯繫也要注重效率，如每日固定時間收發電子信函或網站訊息。至於一般網站的瀏覽，即使是為了工作也要限定時間；若是為了休閒，更要有所節制。

〈案例討論〉

一、案例：

請舉出你的學習或工作團隊有效率與無效率的例子，試著分析原因。並與週遭的人請教與分享。

二、討論分享：

工作團隊的時間管理

授權、請教、分工、合作是工作順利的關鍵詞，組成團隊前要先想找誰一起做，會事半功倍、相得益彰。平時多培養溝通默契與團隊合作的氣氛，工作才會愈來愈省時、省力。這部分的時間管理，包含下屬、上司及團隊工作執行三方面：

一、改善下屬的時間管理

唐諾・克里夫頓博士（Donald O. Clifton）是天賦心理學（Strengths Psychology）與正向心理學（Positive Psychology）的開山祖師，在《你的桶子有多滿？》一書中，他提出了「水桶與杓子理論」，他認為：「每個人都有一個無形的水桶，水桶滿溢時我們會心情愉快，乾涸見底則令人沮喪。每個人也都有一支無形的杓子，當我們加水到別人桶裡——以言行為別人增添正面情緒，也會讓自己的水位高些；反之，自己桶子裡的水也會跟著減少。」

團體領袖要先為自己「加水」，擁有足夠能量才足以應付紛至沓來的煩擾與挑戰。接著要為下屬「加水」，營造良好的合作關係。若上司與下屬互相挑剔，舀掉對方的水，就是相互浪費時間。

領袖要不斷激勵下屬，協助下屬改進時間管理，追求團體的卓越或願景（將個人目標融入其中）。例如，主管S希望團隊成員能養成溝通協調的習慣，以免因溝通不良或沒有團隊默契而延宕或浪費工作時間。另外針對個別下屬，他則提出各自的工作目標，並訂出完成時限且定期跟催以免有人落後。

我對主管S的建議是：先別急著見到工作成效，應從對下屬的了解開始。評估他們的工作效能及原因，再擬出對症下藥的時間管理計畫。S對四位下屬的分析與改善方式如下：

下屬A：工作表現最好，可惜即將離職，之後遞補「一年一聘」替代人力。

改善方法：

1. 替代人力之新成員即使只有一年聘期，影響仍大，所以要慎選。
2. 為好好培訓，開始時嚴格些，日後再慢慢放寬（「先嚴後寬」）。

下屬B：原為「一年一聘」替代人力，兩年多來表現良好，已改聘正式職員。時間管理的缺點是業務經驗不足，較無法掌握時效，有拖延情形且經

常加班。

改善方法：

1. 要求更早完成工作，分階段看到業務成果。
2. 多給機會負責或接觸不同業務，提升對單位的貢獻並增加經驗。
3. 業務交接尚稱順利，多給予主動表現的機會。
4. 多多關心及溝通，使其了解其他成員的想法，以利業務推展。

下屬C：時間管理很有問題，如：

1. 願意做事、動作快，但成效不佳、常出錯。
2. 怕麻煩、不太與人溝通及表達意見，不愛變動及創新。
3. 對主管只回報問題，卻沒有提出解決方案及建議。
4. 交付工作時有抗拒之感，流於應付了事的情況，感覺不到工作熱情。
5. 遇事只看到難題而不是機會，態度不夠積極。

改善方法：

1. 給予多樣性的業務，動態及靜態兼俱。
2. 要求更高的工作成效及品質，有更多的業務討論。
3. 多做溝通並多給他鼓勵，期望能更主動表現。

↓改善後已漸入佳境，所交付的任務或負責的業務皆能迅速完成，且有一定的品質。

下屬D：時間管理的問題最多，如：

1. 經常加班到很晚，以致第二天無法準時到班。
2. 經常放任事情或業務到迫在眉睫，無法在約定時間內完成工作。
3. 記性不好經常忘東忘西，數字、文字都出錯，無法準時完成事情。
4. 理解力差，無法充分理解上司或別人所溝通的事情。
5. 沒有規劃能力，事情總拖到最後一刻才草草推出。

6. 不常向主管主動報告業務進度，遇困難也不主動反映，等到出錯了才道歉。

7. 與同事相處明顯疏離，很少看到合作情況。

改善方法：

1. 重新調整業務，將他原本兩個較重的業務分出一個，留一個讓他有表現的機會。
2. 要求時效及品質，每天或隔天盯一次進度。
3. 私下敦請其他同仁多多從旁關心及提點協助。

↓經過觀察發現，D有強烈的企圖心，想在工作上長期發展。在明確的溝通和要求下，D也經過心情的調適，情況已有明顯改善，到班也較準時。

二、改善上司的時間管理

主管S同時也積極改善自己的時間管理，具體努力如下：

1. 每天晚上十一點上床，早上六點起床。
2. 在家吃完早餐，平常多吃蔬菜水果。
3. 天天寫日記，記下當天的事情及心情以及隔天的計畫。
4. 保持積極的心情和工作態度。
5. 因為家人住院，所以要調整工作及家庭的時間以兼顧孝道。
6. 加強跨組協調，增加人和、減少工作阻力。

工作的溝通分「向內」及「向外」兩種，向外的「跨組協調」本應由第一線承辦人進行，實在有問題或困難時才由主管出面。所以，若承辦人員溝通能力不足，就會增加額外的工作時間。所以，不要只悶著頭做自己的事，要多抬起頭與別人互動。職場溝通的技巧非常重要，至少包括：

1. 交談時，目光注視他人，以免別人誤以為你不把他放在眼裡或不關心他。
2. 面帶微笑，以免別人誤以為你很冷漠甚至討厭對方。
3. 表現有禮貌的措詞與態度，以免別人誤以為你對他不滿或有意挑釁。
4. 有困難或需要協助時要及早開口，以免屆時連累別人或影響團隊形象。

5.同仁向你求助時要儘可能伸出援手，若無法幫助也要客氣地說明理由。

總之，好的溝通技巧就能與人合作愉快；反之就為自己及團隊帶來麻煩。

三、改善團隊工作執行的時間管理

要經常檢視團隊工作執行的時效，以免演變成危機事件，結果花更多時間來善後。減少或處理危機事件之具體策略如下：

1.及時覺察危機的發生，制止其蔓延與擴大。
2.危機的正確「歸因」（內外在因素）與預防。
3.演練危機的因應策略與標準作業流程。
4.進行危機處理的案例解析。

增進團隊工作執行效能的具體做法如下：

1. 發掘團隊低效能之存在，制止其蔓延與擴大。
2. 團隊低效能的正確「歸因」（內外在因素）與預防。
3. 演練團隊高效能的策略與標準作業流程。
4. 進行團隊高效能與低效能的案例解析。

〈案例討論〉

一、案例：

你身為上司（或下屬），覺得應如何改善下屬（或自身）的時間管理？並與週遭的人請教與分享。

二、討論分享：

本章貼心叮嚀——你該開始的「時間管理」練習

*若因不求助而出事，師長、親友知道自己沒能及時幫到你，一定會感到遺憾。
*「三人行必有我師」、「當局者迷，旁觀者清」，貴人能為我們指點迷津。
*客戶絕對是我們的貴人，誠懇的服務可以抓住客戶，進而創造客戶。
*取法於上，僅得為中，取法於中，故為其下。
*建立友情需要花時間，但當你有困難而朋友伸出援手，就能為你省下時間。
*一個人的學習效果，遠不如幾個人一起腦力激盪、互相激勵。
*韓非子說：「上君盡人之智，中君盡人之力，下君盡己之能。」
*規劃工作期程時多為上司及工作夥伴著想，儘量提前開始。
*電話、開會、見面都要「預定」結束時間，或運用技巧有效地結束。
*平時要多培養溝通默契與團隊合作，工作才會愈來愈省時、省力。

＊若上司與下屬互相挑剔，雙方都舀掉對方的水，就是相互浪費時間。
＊溝通不良時，就會增加許多額外的工作時間。
＊要經常檢視整個團隊工作執行的時效，以免變成危機事件。

我的創意與實驗——試試看！為自己「量身訂做」的「時間管理術」

1.
2.
3.

參考文獻

王淑俐 (2010)。《壓力圓舞曲——大學生的壓力管理》。臺北市：心理。頁 113–124。

王凱等 (2013)。《超越達人——17 位專家領航，開啟孩子的職場想像》。臺北市：遠流。

尹志豪 (2009)。《高效冠軍》。臺北市：福地。

李筑音 (2013)。〈不當工作狂，部屬才能轉大將〉。《Cheers（快樂工作人雜誌）》，8 月號。

余佳穎（2013 年 10 月 31 日）。〈給寄養兒一個家，12 年愛不止息〉。《聯合報》，B2 版。

林昭彰（2013 年 7 月 9 日）。〈漫畫大師劉興欽，上午動腦袋，下午去種菜〉。《聯合報，元氣周報》。

林懷民（2013 年 8 月 19 日）。〈說舞，說人生〉。《聯合報》，D3 版。

林靜慧譯 (2010)。克利絲汀・露易絲・霍本 (Christine Louise Hohlbaum) 著。《慢的力量》。臺中市：晨星。

胡琦君譯 (2010)。雷吉娜・李茲 (Regina Leeds) 著。《樂活工作的一年》。臺北市：天下文化。
財團法人台灣癌症基金會 (2012)。《燦爛千陽》。新北市：零極限。
郭欣怡譯 (2009)。佐藤傳著。《晨間日記的奇蹟》。臺北市：易富文化。
陳光棻、王俞惠譯 (2009)。大前研一著。《再起動——職場絕對生存手冊》。臺北市：天下文化。
陳智華（2013 年 11 月 30 日）。〈興趣……近半國中生「不知道」〉。《聯合報》，AA 版。
陳麗芳譯 (2000)。寶拉・佩斯納・寇克斯 (Paula Peisner Coxe) 著。《找尋時間》。新北市：世茂。
葉彥君 (2013) 。〈2013 青年行動力大調查——9 成青年有夢還沒追，你也是嗎？〉。《Cheers 雜誌》，第 157 期。
曾慧雯 (2012)。〈想要一夜好眠？7 件你在睡前不該做的事〉。《康健雜誌》，第 169 期。
楊明綺譯 (2011)。水口和彥著。《用 3 小時完成一天的事》。臺北市：文經社。
楊欣潔（2012 年 12 月 17 日）。〈十大死因 6 成與生活習慣差有關〉。《聯合報》，A8 版。
詹慕如 (2013)。手塚千砂子著。《讚美日記》。臺北市：方智。
廖建容譯 (2012)。湯瑪斯・摩爾 (Thomas Moore) 著。《這輩子，我最想做的事》。臺北市：天下文化。
鄭煥昇、蜜雪兒譯 (2010)。羅賓・夏瑪 (Robin Sharma) 著。《死時誰為你哭泣》。新北市：李茲文化。
盧智芳 (2013)。〈馬彼得，我的孩子們，都知道我要的是態度〉。《Cheers 雜誌》，第 159 期。頁 26–29。
嚴長壽 (1997)。《總裁獅子心》。臺北市：平安文化。
顧淑馨譯 (2010)。史蒂芬・柯維 (Stephen R. Covey) 著。《與成功有約》。臺北市：天下文化。